U0058139

# 教育改造的心念

李錫津 著

# ┌作者簡介┐

## 李錫津

五十一歲　　　　　　　　台灣省雲林縣人

### 學歷

國立中興大學農學士

國立台灣師範大學教育研究所碩士

美國北科羅拉多大學博士課程進修

### 經歷

台東縣鹿野國中教師、組長

台中市政府教育局督學

雲林縣政府教育局督學

雲林縣政府教育局課長

台灣省政府教育廳視察

台北市政府教育局秘書

台北市政府教育局科長

台北市松山高級商業家事職業學校校長

台北市政府教育局副局長

台北市建國高級中學校長

**現職**

台北市教育局長

**著作**

①創造思考教學研究，台灣書店（民 76）

②班級經營（合著），心理出版社（民 83）

③教育理念與教育問題，三民書局（民 82）

④掌舵的人——高級職校導師手冊（主編），張老師出版社
（民 82）

⑤小故事大哲理，聯經（民 88）

⑥教育理念的改造與重建，三民書局（排印中）

# ┌作 者 序┐

　　有一位樵夫遺失了一把斧頭，他懷疑是隔壁王家的小孩偷走了，於是，他暗中觀察小孩的言行舉止，一看再看，覺得這小孩賊頭賊腦的，像極了偷斧頭的人，只是沒有絕對證據，也不便說出來。過幾天，他又上山幹活，無意間發現了遺失的斧頭，才想起來，是自己把斧頭擱在山上的，下山時，再看看王家小孩，覺得這孩子斯斯文文的，再怎麼看，都不像是個會偷斧頭的小孩。

　　這個故事，說明感覺的重要，就日常生活來說，感覺就是一種價值觀、一種心念，有了如是的感覺、心念，也就是有了如是的價值觀，就會表現出呼應那一種價值觀的行為來。

　　可見，價值觀、感覺、心念往往決定了我們的行為。

　　有謂「國者人之積，人者心之器」；也有人說，人是情緒的產物，實際上，一個人的情緒來自於當下情境的知覺和反應，也都屬於價值觀和心念的範疇。

　　我們來看看教育上的事例。當學生覺得分數比友誼重要，他會想知道別人已知道而自己不了解的內容，不肯把自己知道而別人可能不了解的內容，也教給同學了解；當父母

覺得考第一、得滿分比什麼都重要時，就容易導引第三者的孩子，在書桌上寫著前面兩名學生的名字，然後拚命地把前兩名一一「幹掉」，自己終於得了第一；當文憑成為一個人求學最關鍵的指標時，自然會驅策許多孩子追求所謂「明星學校」的文憑；當師長覺得「兇」，學習才能見效時，當然會輕易地扳著臉孔、緊迫盯人、動用體罰，讓孩子喘不過氣，甚或心靈受傷……真是不一而足。

在心念有了偏頗、價值不夠圓滿時，就會缺乏完整周妥的教育理念和期望行為，我們就容易養出更多的「飼料雞」、「眼鏡族」，不快樂、不健康，甚至於自殘自盡的下一代，我們似乎太短視、太急功、太近利了，教育應該不像百米賽跑，教育更像長跑，要有馬拉松的眼光和能耐，教育是百年樹人的工作，急功近利真會揠苗助長啊！

難道今天的分數等同於來日的幸福？手上的文憑和快樂、成就同義？今天許許多多檯面上有成就的人物，難道他們在學生時代就科科滿分，個個得第一？有人研究近二百位傑出經理人的成就原因，發現傑出的因素幾乎可以套在任何其他文化背景的人身上，該研究歸納出幾個成功的因素，良好的教育排名第一。此外，還包括早期接觸、學習的對象，少年時期承擔責任的經驗、個人倫理價值觀，以及自我發展的企圖心。他們回首從前，發現學校修習的科目並不頂重要，重要的是那個時段的種種經驗，所得到的心智啟迪，體

會到的責任意識，學習到的思考能力、思考習慣，以及提供機會讓他們接觸新世界、新人群等，這樣的務實體驗所形成的學習心念，和我們許多人所奉行的「打開教科書、參考書來讀才是讀書」的心念，又是何其不同！

實施教改已有多年，整體來看，我們並沒有完全超脫「分數」、「文憑」、「熱系」、「名校」的桎梏，二十一世紀都快到了，二十一世紀全球的競爭力，不是我們熟知、追求、在乎的分數、文憑、知識了，先進國家的教育導向早已改變了，比如：

一、聯合國教科文組織指出未來學習的四大支柱是

　　㈠學做人，

　　㈡學做事，

　　㈢學習不斷去學習，

　　㈣學習與人共處。

二、世界教改趨勢爲

　　㈠由知識導向轉爲手腦並用、學以致用的能力導向，

　　㈡課程上由注重老師教什麼到強調學生學到什麼，

　　㈢由偏重在學校學習轉爲打破時空限制、隨時隨地學習
　　　的終身學習，

　　㈣學習和生活密切結合。

三、凱尼斯、威爾遜和班奈特・戴維斯教育改革的大要，是

　　㈠全品質學習，

㈡由下而上的教師自主，

㈢建構主義的學習，

㈣合作學習，

㈤電腦輔助的教學。

四、梭羅認為當世界成為地球村時，教育應賦予一個人最重要的技能是：在全球各地運用自如的能力，知道怎麼玩世界遊戲（包括語言、了解不同文化中的行為、思考模式）。

五、澳洲教改重點——由知識導向轉為能力導向：

㈠蒐集、分析、組織資訊的能力，

㈡表達想法與分享資訊的能力，

㈢規畫與組織活動的能力，

㈣團隊合作的能力，

㈤應用數學概念與技巧的能力，

㈥解決問題的能力，

㈦應用科技的能力，

㈧理解不同文化的能力。

實際上，我們中小學課程也都做好了因應世界教改潮流的改變，不過時下仍然有許多有違潮流的堅持，如只餵食學生知識，只期望學生考一百分，不贊成孩子參加社團，不贊成孩子參加服務性的學習和活動，這種「背多分」的狹隘期許，使得學生容易放棄寬廣學習、完全學習的可能，學生也會被迫失去參與體驗學習的機會，地球村已經形成，他們又

如何和來自世界各地的年輕人競爭？

　　我們急著邀請大家共同來思考這一個看起來是小事，可是影響十分長久深遠的教育大問題。近年來，個人一直思索這樣的問題，每有心得就盡量記錄下來，分享同仁，不覺已有數十篇，雖然不是系統性著作，卻也沒有偏離教育改進心念的主題，爰都爲一集，請大家指正。

　　謝謝心理出版社許總經理的協助，本書才能順利出版，也謝謝提供版面發表的期刊，使個人有省思和學習的機會，特在出版之際，略誌數語爲序。

李錫津

一九九九年十一月

# 目　錄

## 第一篇　教育改造的心念

# 第四篇　學校經營的心念

# 教育改造的途徑

## 一、前言

　　前教育部長郭爲藩指出，教改已成爲流行的口頭禪，看來，改造教育，似乎已成爲時代的共識，可是，經由許多年許多人努力研發出來許多策略以後，至今尙難感受出期盼中改造的成果和氣氛。如果從逆向來說，比如：對分數的極端重視、對學校別的過度在乎、對文憑的不尋常依賴、對活動的有意漠視……，乃至於補習的持續存在，這些現象，使不少良法美意，難以顯現教育改造的功效。

　　因此，我們真的有些著急，請看比爾・蓋茲在《數位神經系統》一書中的說法，「如果八〇年代的主題是品質，九〇年代是企業再造，那麼公元兩千年後的關鍵就是速度」。的確，萬事慢不得，可是，當我們環顧周遭的現象：

交通混亂依舊在，生活品質仍然難以提昇，學生還是因分數
而自殺、因挫折而輟學、吸毒⋯⋯多少人熱切追求民主，卻
仍然缺乏足夠的理性、思辨和尊重，不必要的關說、抗辯、
抗爭，常常導致有心人累得滿頭大汗，可是理想改造仍然原
地踏步，實在可惜、遺憾。我們覺得，是否要重新檢討改革
改造的思維模式和改造的途徑，看看能否突破多年來改革的
盲點和困境。

## 二、教育改造的途逕

　　學者如 Cuban、Quartz 等人，將改革區分為兩個層面或
途徑。第一個層次（first order）、途徑，是制度、組織或結
構的改革改造：比如，將九年國教延長為十二年國教、九年
一貫課程的設計、學校組織結構的調整擴充、廢除聯考、規
畫多元入學、廣設高中、籌辦綜合高中⋯⋯等等，做的是改
變機制存在的形式，調整運作的基架而已。第二層次（sec-
ond order）或途徑的改革，也就是轉型的改革（transforma-
tive reform），是價值重整、概念重建（reconceptualization）
的改造，這是深層的改造，從根做起的改造，是要從舊有價
值觀中，找到不合時宜的部分，重新形塑新的目標、新的願
景、新的方向、新的價值，重新找尋哲學的定位，是一種以
價值改造為導向，從「心」開始，從新做起，徹底改變每一

個人的心向，激發出全新的理想行爲，達到完全改革、真正改造的目的。

　　我們覺得，價值觀是行動的最高指導原則，有什麼樣的價值觀，就會有什麼樣的後續行爲；一個人一旦價值觀有了定位，所謂境由心生，自然會產生一致的行爲。因此，改革如果僅止於第一層次、途徑，那只是新瓶裝舊酒，仍然難以見到真正教育改造的成效。必須落實到第二層次途徑的改造，去說服每一個人改變自己的價值觀，重建全新的教育概念，立即轉變自己的教育行爲，才能帶領教育改造進入新的境界。尤其，值得深思的是，學校是一個非常穩定的系統，可能保有改革的惰性；因爲，學校的行政結構，又屬於一種鬆散的結合（loosely coupled system），且有其運作上的難處和盲點。因此在第一層的改革之後，有必要加上第二層的價值調整概念重建，才容易顯現比爾‧蓋茲所謂的速度改造的功能。速度來自於行爲、行動，而行爲亟需價值和概念來發動和引導。

## 三、結論

　　Fullan曾說：「每一個人都是改革的行動源」。實際上，也只有在「每一個自己」都能改變自己在教育上的動機、信念、價值、態度時，才能引發出相適配的行爲，才能見到教

育改造的效果。換言之，每一個人合宜的價值、真切熱誠的投入，才是教育改造成功的保證。當然，「每一個人」當中，直接而關鍵的是：校長、老師、行政人員、家長，乃至於職場上許許多多的領導階層和工作同僚。其他更大多數人所匯集而成的社會整體價值觀，更是一股潛藏性的鉅大力量。

因此，我們的努力，如果僅及於第一層次、第一途徑的開發，就會註定要原地踏步。雖然十分努力，可是難以移動進步，因此，所有知識工作者（knowledge workers）以及教育工作者，宜快速進入第二層次第二途徑的努力，協助每一個人重新建構教育概念，重新形塑教育價值，從而匯成社會整體的教育價值觀，那麼教育改革就容易成功了。

本文原載於《教師天地一百期紀念特刊》

# 根本性大格局的教改思路

　　教育改革中，簡化試題也好，廢除聯招也好，選擇或分配進哪一類學校、哪一個學校或哪一個學校的什麼科系的問題依然存在，策略性方法的運用，尚不足以解除價值觀所帶來的疑惑。價值觀是人類行動、選擇路徑時的最高指導原則，任何改革，若缺少價值觀調整來做根本性的配合，是非常不利的。

　　有一次，赫胥黎應邀到都柏林演講，由於時間緊迫，一跳上計程車，就急著說：「快快，來不及了。」司機聞聲遵旨，猛開了好幾分鐘，赫胥黎才回神問說：「我有沒有說要去哪裡？」司機說：「沒有啊，你只叫我開快啊！」赫胥黎說：「對不起，調頭，我要去都柏林。」不管做什麼事，方向錯了，努力有用嗎？

我們的教育，有沒有這種現象？比如：所學非興趣之所在，要求又超嚴，承受不了，精神崩潰，甚至於走上自殺之路的案例，多有發現。

兩位合租第一百樓宿舍的學生，有一次，回到樓下，發現電梯正在維修，要八小時後才能升降，兩人相約以爬山的心情「爬」回宿舍，於是逐層上爬，剛剛開始，有說有笑，到了六十幾層，已沒有笑聲，九十幾層，已近乏力，勉力爬到一百層的寢室門口，如釋重擔地鬆了一口氣，兩人摸摸口袋，才發現忘了平日託寄在底層管理室的鑰匙，這時兩人面面相覷，誰也沒有餘力走下去拿鑰匙了。他們花了時間，做了所有的努力，卻忘了關鍵性的東西，終究不能完成目標，多可惜，多冤枉！

我們的教育，有沒有這種情形？比如：取得高學歷，卻失掉健康，忽略人際關係能力的培養，忽略了生活品質、生活秩序的知能、習慣的養成……環顧社會，所在多有，像社會的髒亂、淸大研究生的殺人案件就是。

因此，自一九八○年代以來，教育改革成爲社會的重要思潮，這一波教改風潮，對「教育人」來說，更是點滴在心頭，多少人提出卓見，參與其事；對教育行政部門而言，更將教改工作列爲施政重點。尤其，近幾年，教育改革幾乎成爲一種口頭禪（郭爲藩，1995），人人關心，「我有話要說」，就成爲自然的現象。在多元化的社會，人人關心，理

性參與，的確是可喜的現象。只是，平心而論，口說容易，執行偏難；尤其，對執事者來說，多了一份社會期望、歷史責任和多元性專業衝擊的心理負擔，難免因決策後影響層面鉅大，而多所遲疑，實際做起來，容易和各方的期盼產生差距。

郭爲藩（1995）認爲教育改革並不等於除舊布新，尤忌只求改變現狀來迎合社會求變求新心理，因爲任何改革總要付出相當的社會代價。一般情形下，改革措施有其連鎖性，改革行動常常一發不可收拾，引起骨牌效應，對學校教育造成無可彌補的傷害，因此，自應慎重其事。再說，一年多後，就進入二十一世紀，迎合二十一世紀的教育改革，必須參考社會變遷發展、國內整體教育環境、國外教育趨勢等狀況，並把握普及化、社區化、綜合化、彈性化、卓越化、漸進化的原則（黃政傑，民85，172-174），審慎統合因應，妥爲思考規畫，不宜只爲改革而盲目改革，以免舊的問題尙未解決，又滋生新的問題，徒增社會的不安與家長師生的困擾。

我們觀察近年來的教育改革，針對高中提出的項目也有不少，例如課程修訂、入學制度的改革，學年學分制的開發與試辦，綜合中學、完全中學的成立，乃至學制體質的改良等，可謂百家爭鳴，甚爲可喜。在高中入學制度上，主要是多元入學方案的試辦，對高中教育制度的影響最大，尤其教

育部宣告九十學年度取消高中聯招，更是台灣教育史上的大事。

　　高中聯招是台灣教育的盛事，由於參與者眾，加上依分數高低選填學校，造成學校排名清楚，幾分之差，可能掉了好幾個學校，因此競爭激烈。長期實施以來，產生了不少令人詬病的缺點（黃政傑、劉永水等，1993.1）：

1. 考試領導教學，嚴重扭曲國中教育本質。
2. 高中、高職、五專重複招考，造成重複錄取現象。
3. 考生爭入都市名校，擴大城鄉學校差距。
4. 按成績與志願分發入學，形成學校梯階排名。
5. 一試定終生，無法充分甄別考生能力。
6. 升學競爭激烈，惡性補習班大行其道。

　　此外，考科有限，學生為求上榜，常見考什麼、讀什麼的現象，放棄許多生活上非常重要的學習內容。李遠哲先生評論，我們的教育是培養解決紙上問題的專家，不是培養解決生活問題的專家，是有道理的。為了謀求改進，歷年來，曾提出許多改革方案，包括保送制度、合併聯招、分組群聯招、簡化考科、申請入學、登記入學、推薦入學……等，其變化均未若此次廢除聯招，改由基本能力測驗為大。

　　雖然，改變不一定比較好，但是，不改變一定不會比較好，何況是經過相當時期，多少學者專家和相關人士反覆思

辨，所提出的策略，或非完美，但整體來說，改革應該受到
歡迎；只是，具有統觀、遠見的整體相關配套措施非常重
要，尤其是全民價值觀的引導上，應該同時推動並謀求大家
的共識、認同與支持，對整體的教改工作，比較能收到效
果。

　　即使策略性的良方出現了，如果配套性的相關措施仍付
諸闕如，效果仍然會打折扣。倘若重要的、根本性價值觀的
思辨、建構，也就是舊有失當價值觀的破除和適應新時代價
值觀的建立，未能隨之而行，尤其未能讓廣大的相關群眾所
了解、接納，是則一切良法美意，行將起來，不但阻礙很
多，效果亦將十分有限。前者如：要消除「文憑主義」，想
破除「盲目升學」，可是，許多機構，甚至於政府單位，甚
且以學歷做為敘薪升遷的主要標準；政黨提名，也要標榜學
歷；在男婚女嫁中，也常以學歷為門當戶對的條件之一，那
麼又如何能叫年輕學子不要在乎文憑。後者如：在教育目
的、學習目標上，仍然重知識、重記憶，尤其，常見聯考考
什麼、就教什麼學什麼，考一百分，好像萬事就 OK，進明
星學校明星科系，一切就放心了。此外，也常發現重高中輕
高職，重理工輕文史，在乎分數，而忽略健康快樂，或漠視
生活中真正的生活能力以及良好生活習慣的養成，缺少接納
多元、肯定多元、建構多元價值的意念，這樣的話，策略性
的方法所帶來的只是改革的表象而已。就像試題簡化後，家

長學生尚未接受多元化的價值觀，未建立合理的教育和學習價值觀，產生了對高分落榜或高分仍未進入心目中的明星學校的心理挫折。在合理價值觀的建立過程中，還存在一項遺憾和阻礙，那就是，我們很容易感受到分數高低的喜悅與悲苦，卻極不容易感受到在學習過程中，考試領導教學，追求分數，偏狹學習，所失去的一切，比如說：創造力、良好的生活習慣、EQ，乃至快樂、健康……等等。其實，未來世界競爭力的指標，廿一世紀人才的選拔標準，可以看到的已經不是只有記憶知識，不是考一百分，不是只有所謂文憑了，這些畢竟需要正確的價值觀以及遠慮、遠見、信心和堅持的勇氣才能有助於了解、確認與接納。

因此，根本性、大格局的教育改革，似乎需要從改變國民的價值觀來著手，一個人有什麼樣的價值觀，就會產生什麼樣的信仰；有了什麼樣的信仰，就產生什麼樣的力量；有什麼樣的力量，就會持續產生出什麼行為。也唯有透過這樣的途徑，容易讓大家產生遠見和遠慮，真正去思考並知道，教育到底要完成什麼，學習到底要學到什麼，那自然不只在求考一百分，不只在一張好看的文憑而已，因為，這些畢竟不是快樂幸福的保證。

總之，二十一世紀是一個高度多元化的社會，二十一世紀的學習應該是學會學習、學會生活、學會創造、學會做人、學會做事、學會與人共處、學會合作……等。比如：有

學習心、學習方法、學習態度,學會人際關係技巧、學會休閒能力、學會調理 EQ、學會用創造力解決生活問題,只學到知識、分數,是無補於實際的,這是思辨教育改革策略時,要同時思考的。這算不算是根本性的教改思路?

本文原載於《高中教育雙月刊》,第 1 期,民 87 年 8 月。

## 參考資料

黃政傑、劉永水、吳明清、何英奇、游家政、黃光明、周慶星、蕭次融、王明富、方志華(1993)。推薦甄選國中畢業生入學高中及高職方案之規畫研究。《台灣師範大學教育研究中心專題報告》。

郭爲藩(1995)。《教育改革的省思》。台北:天下文化。

黃政傑(民 85)。《教育改革的理念與實踐》。台北:師苑。

# 人人來參與教育總動員

教育活動像什麼？不同的人自有不同的比喻。

談到教育，作者常想到鄉間屋簷下，石頭上面因為長年滴水所造成的洞洞。我們清楚地知道，這些深淺不一的洞洞是雨水滴落，長久衝擊所造成的；我們也知道，任何一滴水都不可能造成一個洞洞，可是，如果去掉每一滴水，就不會有這些洞洞了。

教育現象也是如此，我們知道，一系列的教育、發展造成李遠哲先生的成就；我們不知道是哪一階段的教育，或是哪一本書的學習，造就了李先生的強大功力，不過，我們同樣確切知道，去掉每一本書，每一階段的教育，李先生就不是有今天這樣成就的李先生了。

因此，教育是滴水穿石的功夫，是細水長流的志業，是細針密縫的投入；教育不是立竿見影的建築，不是短線操作

的投資，不是轟轟烈烈的運動。任何一位教育的主政者、執事者，不管他是部長、局長、校長、老師，都不必急功近利來追求「速食」和「速效」，真正教育的活動，不經幾年功夫，的確無法看到成績，這原是先哲「百年樹人」的明訓呢！

可是，今天畢竟是一個重視效率的工商社會，對於教育，還是難免有人要問一位新任的執事者，包括老師在內，教育的牛肉在哪裡？

牛肉在哪裡？這是一個既嚴肅又有趣的話題，我們來想一想，主料、佐料甚至於廚具在哪裡？是否都在你我身邊？還是擺在不可及的地方？

我們知道，教育的核心在學校，學校的關鍵在老師，老師的主體任務在教學。多少年來，我們努力追求鬆綁，大家談論授權、分權、放權，這中間，「學校本位」、「教室本位」、「教師本位」、「專業自主」的理念，都更造就了我們每一個人成為道道地地「教育廚師」的角色期盼和工作份量。

如何發揮教育廚師的功能，有效地端出一碗色香味俱全的「教育牛肉麵」，似乎可以思考兩件事：

首先是「回歸教育、守住本分、發揮事業」。學校最首要最可貴的是教和學，在教學上最需依循的「課程標準」、「課程精神」、「教材精華」，都在你我唾手可得的地方；

教育專業的理念和精神，更都是在你我的「心」中，只要「起動」一下，力大無比的現象，馬上就感受得到。

其次是「帶好每一位學生」。每一個孩子在學前，都被容許用自己的速度、方式、時機來學坐、學爬、學站、學行、學吃……，因此，所有孩子不但學得快樂，而且學無障礙，更沒有人中途輟學。只是，進了學校，就完全走樣，多少人被統一教材、統一進度、統一教學給嚇住了，這種現象和學前比較，難怪會使孩子產生很多很重的挫折，甚至於放棄學習，多可惜多可怕！老師們天天和孩子接近，能不能優先考量每一個孩子的「智能別」、「性向」，以及起點行為能力，容許他們「適向」、「適性」、「適度」的快樂學習？

這種個別化的教學，除非依賴老師伙伴本位的運作，誰又能辦得到？

真好，各位伙伴已有純熟的專業，只要配合發揮您的自主精神和創意點子，十八般武藝、七十二齊天之變都可以使出來，讓孩子依著適合自己的方向，用自己的步調和方法，快樂地前進。我們立刻可以辦到這些，您說是嗎？讓我們一起來。

本文原載於《教師天地一百期》，民 88 年 6 月

# 群龍皆首話群龍

前年（87年）三月下旬，在香港一連三天觀戰世界杯七人制橄欖球比賽，球員奪戰傑出的表現，五萬如醉如痴球迷的吶喊，令人眼界大開，留下了非常深刻的印象和體悟。這種場景，在前兩年，台灣區第五十一、五十二屆橄欖球錦標爭霸賽中，建中橄欖球隊出賽時同樣可以看到。

在比賽過程中，只見雙方球員糾成一團，相互拉扯、擒抱，活像一團滾動的亂緒，在兩個球門間流動，追求的是達陣得分，不知情者可能看不出道理，可是門道在這裡，精彩的地方也是這裡。

球場那麼大，在雙方糾纏中，教練常常離得很遠，甚多時候，球員眼睛怕都難以望到教練。可是，自己手上持著球，怎麼清楚地知道往前跑，往左側跑還是往右側跑？怎麼知道該傳的球是往哪裡傳？又該傳給誰？怎麼知道預估人家移位的方向、速度？要用多大的力氣？球員間不但敵我難

分，而且相關位置的卡位者是敵是友，瞬間即變，就是自己人的位置也隨時在變，很難把握。這種大家隨時變、隨意變、隨地變的動態互變中，雙方人馬怎能立刻移動補位、前進後退，移位到最能觀照我隊、破解敵隊的最有利位置？

這種不待教練提示，就能瞬間觀變、察變，立刻主動進入攻防位置的應變能力，導自於人人都能本於專業、本於職責，自己研判，獨立作戰，明確知道為何而戰，如何而戰，何處應戰的群龍皆首的體悟。這種每一個隊員都具有不待命令、不須指示，就能應戰的機動能力，加上在群龍皆首的快速互動形變中，卻又有明確的奮鬥目標，自然就回歸群龍服首的狀態。這時候，人人固然都是一條龍，卻又有群龍服首的默契，這種團隊就是群龍團隊。

如果，機關學校也能如此，這個機關會有多大的戰鬥力？這個學校會有多大的產值？如果，每一所學校的每一位同仁，都能謹守本位，運用專業，隨時隨地迎向前去，主動積極地做好自己的本分工作，那會是多棒的團隊？

這就是群龍皆首、群龍服首的群龍團體，古時候，有所謂的「將在外，君命有所不受」，要之，部隊野戰，軍令難及，也是事實。當今之世，談的是分層授權、分域負責，談的是學校本位、班級本位、教師本位，期盼的也正是人人皆能發揮所能，主動任事，積極教學而已。實際上，球隊作戰如此，日常生活中何嘗不然？父母不可能時時和子女同在；

老師不可能處處指導學生；校長不可能刻刻看著老師；交警不可能二十四小時指揮交通……我們真的需要每一個人都能依循專業，自動自發，管住自己，發揮自己的生命力。

　　這種現象合乎多元智能的認識，合乎多元價值的理念，也合乎多元明星的期盼。讓我們都能自動自發，都能先專業再自主，都成為群龍團隊中的巨龍。

　　原文載於《台北教育通訊》，第 47 期。

#  跨越新世紀・開創大未來

二十一世紀，「瞬間」即將來到。

在幾乎是舉世急促的教育改革呼聲中，全國上下也有許多回應和具體的配合，相當可喜。

Kenneth G. Wilson和Bennett Davis在《重畫教育》（Re-designing Educatioin）書中指出：真正有效的教育改革，並不在修補傳統教育破敗不堪的結構；相反的，應該看清楚時代的不同，將新時代「教育觀」、「受教育觀」的願景完整的帶入學校。

聯合國科教文組織指出未來學習的四大支柱是：㈠學做人，㈡學做事，㈢學習不斷去學習，㈣學習與人共處；世界主要國家教育改革的趨勢浮現：由學習知識導向，轉為能力導向，課程由注重老師教什麼，轉為強調學生學到什麼，學習場所由教室、校園轉為打破時空限制，隨時隨地學習的終身學習。

這些改變，就是教育願景的改變，相較於國內教學圖像的畸型，的確值得我們深思。身為基層教育工作者，面對這樣的轉變，特別提出幾個想法，向大家討教。

## 一、從遠處、大處、高處來想問題，看事情

國內常見以為讀教科書才是讀書，以及重分數、追文憑的現象，較少培養真正的讀書興趣，也難得開發讀書以外的興趣，導致學生容易從近處、小處、低處思考，凡事幾乎只看到點、線，連面都少能顧及，就遑論整體考量了。因此形成所謂見樹不見林的現象，相當不利於實際生活，比如，只想到蓋房子、賣房子，卻沒想到地層、排水、土質、水文……，只想飆車，沒想到自己和別人的安全。

## 二、掌握教育發展的方向

老師是教育活動的主導者，如果，自己模糊了方向，又如何能正確的引導學生。老師宜以「重畫教育」的心情，歸零思考，從觀念上來調整，從結構上來改造，建立合乎世界教育潮流的教育觀，形塑完整的教育圖像，才不致流為教育枝節，造成本末倒置的不良效果。

## 三、做好推動教育的主人

　　美好的理念，要有人來宣導，在教育上沒有老師專業的投入，就沒有普及的教學活動。雖說，學生是學習主體，不過，老師畢竟是教育活動的「司機」，居於主導、引導的地位，當然要發揮主持人的主動性、積極性，完全知道自己正確的去處，才能招呼學生走入正確的道路，引導學生做好完全的發展。老師的確是教改成敗的關鍵。

## 四、帶好每位學生

　　我們有選擇是否做老師的權利，選擇做老師基本上就沒有選擇學生的自由，我們應該帶好每位學生。帶好每位學生是李遠哲先生常強調的，他認為某領域中傑出的人物並不多，但每個角落都有偉大的人；一個社會需要各種不同才能的人，才能形成完整健康的社會。教育應該協助每一個人找到自己的潛能、發揮自己的潛能，同時找到適當的位置，讓每一個學生依著自己的根性發展，讓每一個人成為社會有用的資源而非負債。老師能帶好每位學生，就達到天無枉生之材的境地。

## 五、隨時隨地給學生方向、希望和機會

學生心智猶未成熟，知識建構尚未完成，因此，方向容易偏失模糊，特別需要老師的輔助引導。此時，給學生方向，給他希望、鼓勵和機會，往往可以啟動學生努力向上的意願和動力。

我們有機會站在新世紀的開端，我們很榮幸擔負了新舊世紀傳承的重任，老師以智慧、成熟、穩健的步調，揚棄傳授知識的傳統角色，改變為組織者、協調者、激勵者，建立前瞻性的教育願景，並將之化為具體的行動。培養二十一世紀的新公民，應該是義不容辭的美事，請讓我們一起來努力，共同寫下這一段美好的歷史。

本文載於《台北教育通訊》，第 25 期，民 86 年 7 月 15 日。

# 找到路，就不怕路遠

　　再過不久就要跨入二十一世紀。二十世紀末葉，世事常變，世路多歧，令人眼花撩亂，難以適應。

　　一九八九年，象徵世界民主、集權兩大強權對壘的柏林圍牆倒了。代之而起的是，突破國界的經濟組織，如歐洲聯盟、亞太經合等區域性組織的崛起，成為世界各地的主導力量。各國紛紛揚棄了壁壘分明、你死我活的敵對立場。樂以觀之，人類命運共同體的曙光似乎已經浮現。然實際上，攜手合作共同迎接變局，恐怕是不得不然的趨勢。

　　台灣同樣處在世界變局之中，自然是無法置身於事外。尤其在政治解嚴之後，我們看到政治更民主、社會更開放、思想更多元、經濟更進步、國民所得更提高。台灣不但憑其強勢的經濟活力成為亞洲四小龍，更躋身為世界經貿強國。在這種經濟挺進與衝擊下，社會變遷與解組、脫序非行等現象也經常可見。因此，為避免經濟畸型發展、腐蝕社會人

心，「社會改革」、「心靈改革」之聲，就時時可聞。

## 教育改革路漫長

在諸多改革呼聲中，教育改革乃是社會與心靈改革的重點所在。而處在國外諸多正負變遷衝擊下的教育圈，力圖積極改革已是不可避免的趨勢。多年來，我們欣見各種改革建議、方案紛紛出爐，比如家長會結構的調整與功能的轉型、教師會的成立、教師地位的提升、開放教育的實施、高中及大學多元入學方案的實施、高中職學生比率的大幅調整等等，績效可見。唯，細而思之，如何改革，從何改革，政府民間的看法仍見落差；教育人員間的見解仍有紛歧，甚或出現爭執不止、共識難聚的現象。這種現象的存在，必然影響改革步幅，不利於整體改革的運作，令有識之士頗感憂心，直呼興改革之心，已經不易；起改革之行，似乎更難。原來，教育改革還是一條艱苦的漫漫長路啊！

當然，改革不一定比較好，但是不改革一定不會比較好。因此我們必須為研擬改革策略尋求善良改革之路，投入更多的心思。證嚴法師說得好：「只要找到路，就不怕路遠。」的確，儘管改革之路難尋、難行，但只要大家齊心找尋正確的大方向，找到可行的道路，一旦邁開穩健的改革步伐，就會逐漸看到改革的成效。

然則，我們的路在哪裡？

## 系統深度學習

　　管理大師彼得・聖吉（Peter M. Senge）在《第五項修練》一書中說：「透過學習，我們重新創造自我；透過學習，我們能夠做到未做到的事情，重新認知這個世界及我們跟它的關係，以及擴展創造未來的能量。」看來，學習，尤其是有系統的深度學習、再學習，會有釐清社會混沌、喚醒失去的良知良能的可能，這不正是證嚴法師心目中的「路」嗎？事實上，展開學習型組織，引導內部成員不斷透過「系統思考」、「自我超越」、「改善心智模式」、「建立共同願景」、強調「團隊學習」，同時不斷創造未來，合力扭轉頹勢，提升人類生活品質，正是聖吉心目中重新賦予組織生機的新路。兩位大師的見解，自有不謀而合之處，原來學習、研究、發展、思考、創作是一條有益組織、社會進步的路。

　　近年來，許多校園崇尚自由思想，鼓勵行動研究。而自由思想、行動研究正是深度系統學習的最佳方法之一。因此，思考研究等於掌握了學習活動中更為深層、更為具體的條理和意義，最有可能淨化心靈、活化組織、賦予組織生機，將組織推向一個更為理想的境界。我們有足夠的潛能和資格成為聖吉筆下的學習型組織，這一份書生報國的豪情將

承續發揚；這樣的研究創作，亦將擴大延伸。人人齊奮進，為心靈改革、教育改革提供可行的策略，指引可行的道路。

　　本文原載於《職教園地雙月刊》，第 22 期，民 87 年 3 月。

# 給孩子夢想的機會

　　出身紐約貧民區的百萬企業家尤金‧連，回到位在貧窮、毒品、歹徒交戰區的母校，向學生講話，他對這些一向只有大約五分之一可以拿到畢業證書的學生說：「只要你們能高中畢業，我就送你們上大學」，四年後，六十個學生中，竟然只有二個未畢業，許多人繼續升學，而且上了最好的學校。

　　這種異於往常的現象，震驚了許多人，學生對來訪的媒體說：「他給了我們夢想的希望，讓我們有夢想的機會」，原來夢想是導向成就的主因。

　　再看，日本的經濟能量和國力舉世有名，有人認為日本之所以成為日本，主要是日本人力的素質，人力素質來自於教育，而教育成功的因素之一為日本媽媽常常對孩子說：「大郎，你真是我的好孩子，將來一定有大成就的」。這一句簡單的話，好像沒什麼，但是，給孩子的卻是接納、認

可、肯定，是希望、是期許、也是夢想，意義非常重大，所發生的心理作用和行為引導非常顯著。

的確，不時給孩子鼓勵，給他希望，誘發一些夢想，常常可以引導孩子邁向成功的境地；因為，人一旦有了希望，有了夢想，他就啟動了生機，他就會傾其一切，努力開發自己的潛能，一步步邁向目標。

我們面對個別差異那麼大的學生，其中固然不乏自發自力勤奮向上的學生，但也有不少是經常面對挫折，對自己缺乏信心，對未來少有希望的。這些孩子非常需要老師們給予鼓勵，給予機會，給予希望。韓愈所謂「傳道、授業、解惑」，老師們如能像指引明燈，建議適合學生可行之道，解除學生胸中的迷惑，每一個人一定都能走出屬於自己的一條路來的。歷史偉人中，如邱吉爾、愛迪生，年幼時的表現，都曾經讓部分老師覺得不夠聰慧，是難造之材，惟都因巧遇「名師」，給予鼓勵、給予希望，才又破繭而出。

可見，我們只要儘可能的找出孩子的優點來表揚，肯定他們，接納他們，讓他們能夠心存希望，讓他們還能敢於夢想，他們就會有成長的機會，甚至於會有令人意想不到的成就。

別小看小小希望的效用，別低估心存夢想的價值，星雲大師提示：給人希望、給人歡喜、給人信心、給人方便，就具備了禪機，也充滿了哲理。這些也都是老師們可以輕易釋

放出來，用以引導學子的能量。教育是整飭心緒、充實智能、開發潛力、滋潤心靈、救人心靈的偉業；滋潤心靈，本屬功德，救人心靈，尤勝建造浮屠，值得我們來投入心力。孩子們的成長，需要機會，也需要夢想，讓我們一起來提供築夢的機會，並幫助他們築夢成真。

　　本文原載於《台北教育通訊》，第二期，民84年9月15日。

# 8 天壼變

　　將活青蛙投入燙手的熱水中，常見的是，青蛙一躍而出，跳脫可能致死的陷阱；如果將活蛙放在涼水中，然後，慢慢加熱，常見青蛙悠游其中，並未隨著水溫的逐步升高而跳脫出來，最後，終會被熱水煮熟。

　　第一種狀況，對青蛙來說，屬於鉅大變化，非常容易引起警覺心和應變行為，是屬於「置之死地而後生」的那種反應類型；第二種狀況，環境緩緩改變，鬆懈了青蛙的「心防」，麻痺了青蛙原生的應有知覺，戒心全無，終於逐步邁向死亡而不自知。

　　人類雖然聰明，處在變遷的社會中，卻也容易發生類似的現象。

　　我們從這樣的自然現象，應該可以產生類化或遷移學習的可能。原來，處在多變、常變的社會，知變、應變是多麼地重要。不知變，不能應變，固然很容易遭到淘汰，知變而

不能應變，或應變而失去準頭，也同樣易遭滑鐵盧，真的嗎？

我們來看看底下的故事：

據說，當年美國有一家馬車公司，出產馬以及馬車相關的用品，相當成功有名，唯有一項產品——馬鞭，一到冬天，就容易碎裂。顧客迭有反應，後來，公司也從善如流，順應顧客要求，投入經費心血，經多年研發，終於成功地製造出輕柔不易碎裂的馬鞭來，一時間，反應良好。只可惜，過了不久，馬車公司竟然倒閉。原因或許多端，汽車之發明上市則是關鍵因素，結果自然是更多的人捨棄馬車改用汽車。

可見，光是知變是不夠的，知何應變，如何找出正確的應變方式和途徑，同樣重要。

生活中，像這樣的商品改革和銷售場景，如果轉移為教育改革的場景來分析比較，是否也同樣值得我們心生警惕？教育改革是否也有改革方向、改革途徑的選擇問題？

說到教育改革，台灣的教育需要改革，已經是人人皆知的事實，但是，在諸多問題中，該怎麼改，該選取什麼樣的策略才是合理允當，則常有見仁見智的爭論，的確值得大家來重視。總的說，變得好，當然皆大歡喜，變得不當，可能就會葬送幾代人的未來，其嚴重性比起一家公司倒閉，自然要嚴重許多，我們更不能掉以輕心。

　　有關教育改革方向，教育改革途徑的規畫、選擇，所涉範圍至廣，其中學校階層化部分，高雄師大林生傳教授在一九九三年國科會專題「中等教育階層化之研究」中有精當的敘述。文中指出：台灣地區目前以高中教育階層化為憂，認為明星高中是升學壓力之禍首，亟欲打壓明星學校，擬採非常政策來緩和，甚至消除高中教育之階層化；反之，英美教育先進國家，卻正在催化或加劇高中之階層化，對「有效學校」敬佩至極，並鼓勵大家多多效法，以追求「卓越」。兩者的改革方向、致力途徑，或因國情、生態、價值觀之不同，而有很大的差異，當然，何者為正確，值得細細研究。

　　文中也指出，在自然生態中，許多自然演化的結果，也有階層化的情形，至若教育階層化，恐屬難以避免的現象，但是，過度階層化可能助長教育機會的不均等，也要予以重視。

　　在高中階層化的調整中，是否要考慮：明星學校該不該打壓？打壓到什麼程度？是否真的打壓得了的問題。君不見，九年國教實施前初中時代即有明星學校的存在，年紀稍長者當記憶猶新，彼時，多少人引以為憂。九年國教後，國中改為學區制，理論上明星學校應該徹底消除才對，可是，才幾年，新的明星學校，仍然形成。這種情形，多少說明明星學校的形成，似乎是一種自然現象，學校階層化果真難以完全避免，那麼，我們需不需要花心力來加以消除，或者

說，要將原有階層化的現象消除、調整到何種程度始稱合理；或者，將更多精力轉移投入其他更有意義的教育改革活動，以提高教育的輸出產值，並非只是階層化的重新洗牌而已。再說，經過一連串政策性的處理，或許舊的明星已經式微，新的明星尚未產生的那些沒有明星的年段，就我們教育的整體來說，是有損失還是另有收穫？

因此，高中教育階層化就產生了階層化合理程度的問題，也是分寸拿捏的問題。

目前，中外流行價值觀上對教育的「看重」、「放任」，或許是兩個極端吧！這樣的認知反應到教育改革路徑的選擇上，好像雙方都在找尋一個中庸、合理，可以接受的合理區域，於是，我們向洋人取經，洋人也向我們學習。在中西兩潮交會時，我們的確要審慎思辨，拿捏得宜，讓教育有點兒階層化，又不會太階層化，使路徑的選擇接近「決策的合理性」。

當然，說話容易，決策困難，合理性的決策更難，這樣的難題是教育問題？是哲學問題？抑或是科學問題？一時之間，還真不容易釐清呢！

基於以上的認知，我們也充分感受到世務越來越複雜，越來越需要敏於知覺的能力，越來越需要見樹又見林的修養，為了增生這樣的能力，學習型組織和終身學習理念的落實，就成為必要的途徑。

綜觀這一波教育改革，教育人不能自外，更不能缺席。我們深知，在教育改革中學校階層化落差的調整，或者說是合理平衡點的找尋，教育人或有一份執著的情懷，卻也更有一份社會的責任。我們願意本乎知識分子的熱情理性和學習型組織的期盼，用科學研究的心，就若干教育問題加以研究探討，提出些許心得，用以分享教育同仁，或作為教育改革的參考，這些想法或許並不成熟，其用心仍屬可感也！

本文原載於《建中學報》，第四期，p. I～III，民87年12月。

# 萬變不離其宗——老師最重要

不管教科書如何開放，版本如何多元，教科書的使用者——特別是老師和學生仍然是課程運作和經驗體會學習的關鍵。

有人說「兩耳不聞窗外事，一心只讀教科書」，是許多台灣學子校園生活的寫照，言或過激，卻也反應相當的事實。從中外文獻中發現，教科書的確支配中小學的教學活動，加上評量、聯考以教科書為依據，在多數教室中或學習活動上，「教科書即為課程」的現象，幾乎成為不爭的事實。

黃政傑教授曾認為中小學教育之敗壞與教科書的誤用有極大的關係。衡諸實情，把教科書誤為「聖經」，絕對正確，不容置疑，照單全收者有之；把教科書當成唯一學習材料，是學習的全部，讀教科書才是讀書，投入社團，參加活動，讀其他好書，都會受到約束，糾正者有之。

　　實際上，教科書的品質或有良窳，不過，教科書的錯用、誤用，才是造成教科書問題的主因，這就是教科書使用者的理念問題了。如此可見教科書以及正用教科書的重要。近年來，由於社會開放的趨勢，中小學教科書也採取了開放的措施，讓有志之士有參與編制教科書的機會，教科書的使用者有了更大的選擇空間，基本上都是進步的表示。

　　教科書開放後，儘管版本增加，選擇空間加大，研究指出，在競爭之下，教科書的品質提高了；然而，為了市場實際需要，教科書多編得非常相近，加上許多不確定的因素，如銷售量難以掌握等，出版者常會自我設限，造成教科書的平庸化，與預期的開放多元風貌，仍多所悖離。再說，教科書版本儘管多元，但教科書一經選擇，仍然回歸單一教材，可見教科書多元不等於教材多元，因此，教科書的開放、選擇、運用，就課程實施而言，仍然是課程成敗的最後關鍵。

　　曾有學者把教科書的編制過程，從上游往下游依序分為理想課程、法定課程、形式課程、知覺課程、運作課程到經驗課程。大致上，根據課程理想形成法定課程——課程標準、課程大綱，再依法定課程寫成形式課——教科書，教育人員再根據對課程、教科書的了解——知覺課程，來實施教學，運作課程，並引導學生去經驗課程。換言之，學生學到多少，幾乎決定於教師知覺課程後、運作課程、闡釋課程的品質，以及引導學生經驗課程、體會課程、吸收課程活動的

成效了。

　　再說就實際生活而言，教材、教科書只是負載著我們期望學習知能的媒介，比如，透過游泳教材、游泳教學，學習到游泳知能；透過國語教材、國語教學，學習到字詞、表達、溝通……等能力，我們不在學習教材本身，或教科書的本體。因此，要跳脫教科書主義的依賴習性，建立學習是要學習能力的理念，那麼，教科書不能十全十美，不能盡如人意，也就可以由教師透過課程知覺、課程運作和課程經驗的引導來加以彌補了。同樣的，既然，學習是要學習能力，不是學習教材或教科書的本身，那麼開放版本後，因為各校所用版本不一，所擔心的學生轉學、課程銜接等問題，或不能完全消除，也就不必擔心了。

　　總而言之，老師有正確的課程理念，加上其他教學專業的配合，就可以展現有效的教學了。


　　本文原載於《教學新生活季刊》，民 87 年 9 月。

# 鐘聲的聯想

　　家裡掛著一口古色古香的鐘，我喜歡她的造形、色澤及其穩重、負責、值得信賴的味道。和過去家裡的掛鐘相比較，還有一樣不同，那就是每十五分鐘敲擊出，像極了許多學校用來宣告師生作息的鐘聲。我們一家人不是老師就是學生，我們都好喜歡。

　　有一次，朋友帶著幼稚園中班的女兒過來小坐，小女生一下子就被鐘聲所吸引，這位小客人每在鐘響之後，就拍手歡呼：「哦，下課了！」，「哦，又下課囉！」。我被小女生的歡呼所震撼，認真笑問：「為什麼鐘聲之後，只說下課了，不說上課了？」。小女生不待回話，就靦腆跑開，留給我無窮的沉思。回想前些日子，在輔導座談會上，一位校長同仁提起他和學生座談時，學生的訴願：「我們都在忍受你們這些大人，否則……。」這種不愛讀書，喜歡下課，不想上課的情形，隱藏好多值得深思的教育內涵，我們是不是要

先停、聽、看。站在學生——這一群學習主體的角度，思考我們的教學，調整一下未來的作法呢？

我們有沒有不管：

學生的基礎是什麼？起點行為在哪裡？學生的學習模式是什麼？學生的消化能力如何？學生的個別差異如何？總是持續用老師自己慣用的那一套，獨一而無交集的教學下去？

我們有沒有不管：

學生喜歡不喜歡上課的內容、方式？學習的教材是「近用」、「遠用」或是「無用」？學習材料的難易和份量？學生的時間夠不夠用，僅有的空間是否全被佔滿了？總是使用同一份量、同種難度，統一進度的教材，要學生完全吞習下去？

我們有沒有不管：

學生的學習擅長是什麼？書本以外的興趣在哪裡？什麼是學生真正喜歡的？或是忽略多元價值的需求、表現和能力？總是以教科書、參考書為唯一的學習內容，總是毫不通融地以分數做為評量學生的唯一依據，很少助搭不同的舞台，釋出寬廣的空間，以供學生適性馳聘，或是很少給予學生多元的讚美和掌聲，以肯定不同專長、不同興趣學生的成就。

我們有沒有：

只考慮到老師要給什麼，卻很少想到學生想要的是什

麼；只想到大人的面子、大人的感覺，很少想到學生的需求和感受，而硬要學生學這種課、修那種課的。

　　其實，小孩的學習興趣、學習模式、思考模式、問思的角度、表達的方式，都有異於成年人，所有成年人都曾經是小孩，但是，兒時一切，早已隨著歲月而消逝，等到自己長大了，就只會用大人的方式去要求小孩，這種無可逆性、非同理心、無交集的運作方式，常常是當今學童學習挫折和教育問題叢生的主要因素，是否值得我們再思考、再調整？

　　今天，我們提供過多、過難的教材，要求學生超時的學習，不是嚇退學生，使之不敢跨入知識的園地，就是沒能有效的處理、建構知識，造成知識的堆積、壓縮，形成無用之學。因為，堆積、壓縮的知識常常雜亂、僵化，難以致用，只有處理、建構而成的知識才容易成為有用的知識，尤以當今知識爆炸，其發展日新月異，教師以昨日之所學，今日教給學生，讓他們明日使用，學時有用，用時怕已過期。如果以產品和生產方式來比擬，傳授知識提供的是「產品」、是「魚」，產品久用則損，魚再多也會吃完，未若教之以生產的方法或捕魚的方法，授之以求取知識的方法、態度，以及用來開發知識的能力，來得長久有用。因為這些態度、方法、能力與生命同步存在，才是一本萬利的作法。以此觀

之，有無必要斤斤計較智育之分數，而忽略學習方法的學習，學習態度的養成，而強學習者之所難呢？偏智學習所導致的學習傷害，我們體會既多且深，我們不禁要問：

教育到底是要培養沒有受過教育的專家（uneducated export）——不能相互了解，相互溝通，日趨異化，堅持己見的專家。

或是要培養受過教育的公民（educated citizen）？——能完全發展，心胸開闊，具有宏觀視野，思想成熟，理性穩重，通情達理的公民。

其實，我們們很需要把教育的「餵」「食」過程和時下許多社會解組、價值偏差、行為脫序的現象，作一比較，再回過頭來思考教育的目的、教育的價值，是在培養「理性、有用而快樂」的人，或是只要文憑，不一定要理性快樂的國民，然後，想一想教學的歷程和引導學生的可能。畢竟，學生願意來學校，老師才有教育的機會；學生喜歡來讀書，老師才有教學的可能；學生好於求學，教育才能發揮真正的效用，大家學得有用、學得快樂，人生才有和樂。

杜威主張真正的教育，不在於教學，而在於營造快樂的學習情境，哈佛大學教授槐茵認為，「學習就是要學習如何營造快樂」，真是英明之見。

我們是否可以接受這樣的觀點，為學習者釋放空間、開發空間、捍衛空間，讓他們適性快樂地馳騁，而非一味地嚴

求和規範；我們是否只宜助搭舞台、助長活動，頂多參與同台演出，而非強勢地導演；我們是否只宜提供最佳的協助和建議，而非主觀的干預和一味的牽引？大家重新思考教學——包括教材、教法、評量方法，讓孩子能從學校的過客，成為學習的主人，願意主動積極、快樂地涉入、參與學習，進一步成為學習的樂之者，甚至於好之者，人人都能享受不同的讀書、學習之樂，能這樣，老師庶幾可以「枕無憂、教有成」了。

　　總之，以孩子的個別化特質做為教學設計的基本考慮和關鍵指標，的確無可忽視。一九○七年，義大利女皇瑪葛利塔就曾對蒙特梭利說過：「從小孩身上學到的，將帶給我們一種新的生活哲學」，十分有道理；的確，母親創造了孩子，孩子也造就了母親，老師教育了學生，學生也成就了老師。在教育活動上，師生原是相互依賴的，這種依賴，不只是「教」「學」雙方伙伴式的依賴，更包括相互間方法的創造、使用，心靈的交融、引導，態度的形成、修飾，理念的開示、發展，身心的成長、成熟，這些也就是教什麼，怎麼教會更好、更有效的基本考慮，請不要忽略學習者——孩子們基本的需求和原始的反應，他們的需求、反應才是教學活動的引子，各位伙伴，且讓我們懷著「給人希望、給人信心、給人歡喜、給人方法、給人方向」的情懷，一起來調整、努力，看看能不能讓每一個孩子聽到鐘聲時的立即反應

是「上課了！好棒哦！」

　　本文原載於《教師天地》，第 79 期，民 84 年 12 月。

# 教育的新希望

　　「天生萬物，各有流型，各賦殊能，學而爲功，皆適其所，用其所能，萬物皆能，用其不能，萬物皆爲無能。」所謂尺有所短，寸有所長，正是這種道理，任何人皆不宜妄自菲薄，捨己之長，去己之能，盲目追求，反而事倍功半，徒然而難竟其功，實在得不償失。

## 職校新生的心態

　　我們家有一道叫涼拌菜絲的冷盤，很受歡迎，這一道菜由包心菜、豆腐干、香菜、蒜末和醬油拌合而成。有一次，少了香菜，勉強做成，結果味道盡失。其實，香菜所佔的份量很少，竟然會成爲涼拌菜絲不可或缺的精品之一。就菜的組成而言，不因爲份量少而減低其作用性。社會的組成也是一樣，需要工程師、也需要清潔工人，不會因爲是清潔工人

就顯得不重要。可見不管什麼樣的人，只要社會有需要，他就絕對的重要。

可惜，這種需要就絕對重要的想法，不一定形成普遍的價值觀。當前的聯考制度，以分數做爲唯一的標準，就明顯地將學生區分爲「好不好」。考上高中最好，可是高職就未能受到像高中生一樣的關注與重視，頓時學生的地位好像矮了一截，高職新生就常感委屈、自卑和排斥，甚至自暴自棄。勉強去唸高職，卻又不能完全接納、喜歡，以至於產生了許多生活與輔導的問題，大大地降低了高職的教育品質和教育成果。

## 悅納自己　導向成功

其實，社會的進步，人民整體生活品質的提昇，極需每一位作業人員的配合。人人各適其所，發揮功能。其整體的組成，很像一個龐大的交響樂團，大鼓、小鼓、提琴等各種吹奏、彈調和打擊樂器都要齊全。由於每一件樂器都發揮其獨到的功能，因此，少掉任何一件，整個樂團的表現就會走樣。人在社會生活中也是如此，每一個人都是獨一無二的存在個體，都應該受到同等珍惜與重視。因此，不管身唸何校，身居何職，只要自己的身分，所做的工作是社會所容許，所需要就可以了。所謂「天無枉生之材」，每一個人只

要能照顧自己、服務別人，就應該悅納自己、肯定自己才是。一個人能悅納自己、肯定自己，才有可能進一步就其需改進、加強之處加以修訂，而不至於執著於不可能的部分。比如說一個人的面貌幾乎是不可能改變，哀怨自己的面貌，根本於事無補。但是，他可以透過不斷的進修、努力增長知能、調理情緒、修養品性，來形成自己獨特引人或叫人尊敬的風格與氣質。此時，其面貌反而不是重要的特質了。可見，悅納自己的確是發揮潛能、邁向自我實現的重要起步。

## 發現根性　營造因緣

其實，每一個人都有自己的根性因緣，都有獨特的未來。每一個人的成長狀況好比是農作物一樣，有人像大豆、有人像花生。種大豆、花生最適合的土質、水分、肥料成分、種植時機、天候等都各有不同。種大豆就應該用種大豆的方法，種花生就用種花生的方法，才能長出像樣的大豆和花生。如果用種大豆的方法來種植大豆和花生，固然可以種出碩大的大豆，不過，花生恐怕就只有花生的枝葉，而長不出理想的花生果來了。這是因為大豆、花生各有其根性，各有其生長的因緣，順此根性，就此因緣，則生命力旺盛、成長順暢；背此根性，逆其因緣，就會生長柔弱，這是完全不同的結果啊！

　　人的成長也是如此，按照哈佛大學加德納教授的研究歸類，人在學習的途徑上可以分爲七種不同的根性因緣，包括：語言、數理邏輯、空間表徵、音樂、動作技能，對人和對己的了解等。一個人如果順著自己的根性因緣來學習，才能輕鬆快樂、自然投入、持久有成。所以輔導高職學生，首先要引導他們了解自己所能、發現自己所長，也就是發現自己的根性、接納自己的狀況，消除排斥、抗拒、自卑和委屈感，重拾信心才是。任何一個人如果能發現自己所能，表現自己所長，從事自己所愛，那麼，走起來，就只有喜樂，少有悲苦。就算有功課的負擔，也是一種甜密的負擔。把功課、工作當作是甜蜜的負擔，就很少有不成功的。否則，就算進了明星學校，也一樣無法得到真正的快樂。近年來有多宗社會大眾心目中的好學生走上絕路，關鍵因素之一，就是所由途徑不能適合其根性，脫離了喜悅因緣，長期陷入了困境，終至走入絕境。可見，開發根性，發展學習因緣的重要性。

## 肯定自我　建立信心

　　技職教育和普通教育只有性質上的差異，並沒有根本上的不同。一般人的內心卻輕視技職教育，許多學生更因爲自己就讀高職，就覺得委屈、洩氣。有人認爲技職教育課程設

計的初始目標是就業，而就業好像就不如升學。其實，就業沒有什麼不好，更沒什麼不對，哪一種學習到最後不是要就業的？試想，高中生讀了大學，不要說是電機、電子，就算是中文、哲學，將來也一樣要走入工作世界。一樣要運用所學的電機、電子、中文、哲學知能謀求生活。而電機、電子、中文、哲學也一樣是職業教育。何況，大學開設農工家商科系，高職也一樣有農工家商。因此，學制上用人為的方法將教育分成普通教育、技能教育，最後仍然是通通導入工作世界，先求一己之生存，再謀人類共同的利益。普通教育、技職教育還是殊途同歸，目標相近。為了性質的差異和執行施教的方便，劃分成不同的學習管道來運作是可以理解和接受的。但是，劃分成不同管道以後，硬要說普通教育是一流教育，高職是二流教育，實在毫無道理。難道說，穿皮鞋一定比穿布鞋高明、高尚？實際上，參加酒會固然適合穿皮鞋，上球場打球就不適合穿皮鞋。這種情形不要說兩者不能有高低之分，有時候恐怕打赤腳才是最好。這就是所謂的適性、適格與適所。

　　選讀高職、高中也應該是這樣思考。進一步而言，人的適性——根性，也是一個寬廣的領域，並非一條狹窄的巷道。最重要的是了解自己、悅納自己做好選擇、全力以赴。凡我高職學生，期盼都能有這樣的體認，從而建立信心，確定讀什麼不重要，把什麼讀好才是最重要的想法。

## 邁向終身學習新旅程

　　總而言之，就廣義而言，所有的教育都是職業教育，因
為每一種教育到最後都將學習者導入工作世界。因此，高
職、高中實在沒有根本的不同。高職有的類科，到了大學也
同樣會有，此即台北市教育局目前所倡導的廣義技職教育。
其次，選讀高職，基本上應該考慮的是適性的選擇，不是第
二選擇，更不是不得已的選擇。再者，學制的發展或高職課
程的設計，已逐漸擺脫終點教育的舊思。四技的增設，高職
畢業生的升學管道逐漸放寬，高職的學習由終點學習變成終
身學習。因此，高職學生應該重新體認、迅速調整，對自己
有適性的期許和學習。個人要完成的是整備自己的學習條
件，呼應學校社會所提供的學習情境，從此獲得因緣學習。
因此，高職教育應該是一條寬廣、充滿機會與希望的大道，
至於成敗則有待學習者的努力──深切體會「學什麼不重
要，把什麼學好才真正重要」的道理。每一個人清楚知道自
己的根性是什麼；「是什麼，做什麼；做什麼，像什麼」，
這樣，每一個人獲得自我實現的機會就是自然的結果了。

　　本文原載於《職教園地雙月刊》，第 14 期，民 85 年 9
月。

# 提昇高中教育品質的另類思考

　　台灣教育問題，大致說來，出在學習目標和生活目標的嚴重脫節：生活中希望有的規範如負責、守法、整潔、秩序、民主、理性、尊重……等並沒有在實際學習中有效落實。其嚴重性，誇張的說，就像需要的是游泳，教的卻是籃球一樣，當然，一上場就容易沒頂了。

　　許多現象顯示：我們的學習是為了追求分數，為了考上明星學校，拿到一張耀眼的文憑，學習上多側重記憶和尋求單一的標準答案，學習目標的疏漏，誘引了分數比友誼重要的惡質化競爭，形成了所謂「年輕人對事不認真，對物不珍惜，對人不感激」，「只要我喜歡，有什麼不可以」的現象，所以「路口難淨空」、「名車丟空罐」、「到處有垃圾」、「把紀念館的盆景搬回家」，甚至於闖紅燈，被警察攔下來，還說不是沒有看到紅燈，只是沒有看到警察，以及青少年自殺、出家等令人感慨、遺憾的現象。

蔣百里先生曾說：「生活條件與戰鬥條件一致，國恆興；相背者，國恆亡。」在教育上，學習目標與生活目標一致者，才能形塑出井然有序的社會，否則，就容易成為自私自利，缺少公平正義的社會。我們希望有什麼樣的生活，就要提供什麼樣的教育內容；力求生活目標和學習目標之一致，才是理想的教育。行政院教改會指出，在理念上，教育目標不再只依重知識的傳授，而是培養個人生活、工作、成長和不斷學習的能力，經由教育，也應該協助建立起多元價值觀，使社會不再僅以金錢、名位來衡量一個人的成就，而重視適才、適所、適性發展的快樂服務人生觀。因此，作者提出提昇高中教育品質的另類思考來就教於諸先進，誠如石滋宜在「教育是一場學習革命」一文中主張：「這是一場學習革命，應當落實到改變現有教育系統中的學習方式，設定符合環境需要的新學習目的」，也就是生活上需要什麼，就應該學習什麼，才是教育的本義和正途。換言之，要參加空戰，就一定要教以空戰的方式，千萬別教海軍去參加空戰啊！

# 一、學會終生學習

首先，我們要確立學習的目的是培養終生學習的能力和習慣。因為社會變遷快速，知識爆炸，知識半衰期日短，學

習是持續一輩子的大事，不應該離開學校就停止了。畢業後不再進步的人，將會是社會變遷、職能轉移、技術更新、工作流失時的失業者。未來的社會，要培養學習型的國民，有了學習型的國民，才會有學習型的組織；有了學習型的組織，才會有學習型的社會。這樣的社會，才能永續進步，也才是國力、活力的保障。

## 二、進行合作學習

其次，要體悟合作學習的重要。社會應該透過合作而進步，經由合作與相互依賴而互惠，因此，應該降低競爭，改採合作來促進學習。一般而言，學習模式可分為競爭、合作、個別三種，不同學習模式各有其教學效果，只是目前中小學之教學多屬競爭型，學生常常為領先別人而相互猜忌、相互隱瞞，容易導致自私自利，不利於人格的發展，實在有必要透過合作學習來協助學生養成「你好、我好，我們都好」的胸襟，相互協助發揮最大潛能，使原有的學習產生相加相乘的效果。

## 三、形塑快樂學習

學子們多為讀書、考試而讀書，難以感受讀書之樂，一路考來辛苦異常。畢業後，常視讀書為畏途，甚至從此不再

讀書，實在是個人和社會的損失。因此，要形塑「快樂學習」、「適壓學習」的氣氛，讓學生覺得學習是快樂的事；一個人只有喜歡學習，喜歡學校，老師才有真正教的機會，學生才有真正學的可能。否則，人在教室心在外，或是連學校都不去，又如何有教的可能和效果？縱觀國內教育環境好像有留校時間、年數好長，一旦獲得文憑，離開學校後，就常會忘了應該繼續讀書的現象，與歐美教育，學生留校讀書年數不一定長，但離校後，仍保有讀書習慣——終生學習的情形有所不同。的確，讀書樂的感覺是有待培養的。

## 四、雅納完全學習

學生在文憑壓力之下，常見的是考什麼讀什麼，久之，乃形成所謂考試領導教學的偏差現象，一些學生甚至放棄不考的科目，實在有違完全學習的原則。其實，船底寬，船不翻。好數理者，以文史為通識；好文史者，以數理為通識，才容易形塑個人寬廣的基礎和有容乃大的恢宏氣度，對造就一個完全的人，才有助益。比方說：一把銳利好用的刀，必然由刀刃和刀柄合造而成，徒有刀刃，刀子難以為用，當然，徒有刀柄，也一無用處，必也兩者兼而有之才行。所以，醫生不可能只靠高明醫術成為名醫，一定還要配以為人處世、工作態度或所謂EQ的成分才行，這種「該有的都有」

的情形，非來自完全學習不為功也！

## 五、做好價值學習

透過價值學習可以協助學生建構合宜的價值體系，作為面對選擇決定的依據。價值體系是一個人行動的最高指導原則，比如：選擇哪一類組？要不要參加推薦甄試？是否留下來參加晚自習？乃至要不要補習？到哪一家補習？自己的垃圾自己處理……等等都是，價值取向就是生活苦樂取向的依據，對一個人生活內容生活品質影響至大，實在應該作為學習內容的重要部分。

## 六、用心體驗學習

有人笑稱都市孩子畫的雞，常是冰箱內盤子上的無毛雞；許多人吃過牛肉，可是不知道活牛的模樣。這樣的情形是導因於不夠完整的學習，太多的知識來自於書本和記憶，而不是來自於真正的生活體驗或操作。是否可以增加體驗性的學習機會，來增加學習的效果，此種方式或許耗用比較多的時間，卻可以學得牢靠、深入，將來要變化運用也會比較容易，透過體驗所建構而成的知能是紮實的、真實的。

高中教育目標已明示於課程標準之中，只是處在變遷迅速的社會，試從不同的角度來思考，尋求更多元、彈性的策

略以啓發學生、培養學生的創意。同時加注學生統整、活用的能力,以新時代知識,「量增、質變、衰速」的情形而言?學什麼?學多少?學多深?似乎遠不如學得學習能力,學到學習方法,獲得創造能力,以及開發學生潛能,培育健康價值觀來得重要。時代是變遷的,學習的目標也是與時俱變,學習品質的指標也因而有異,唯有如此,教育才算是可大可遠的百年大計。因此,透過「體驗學習」、「合作學習」的方式,提供「快樂學習」、「適壓學習」的情境,引導學生「完全學習」,形塑健康的「價值體系」,培養學生終生學習的能力和習慣,似乎格外值得重視。

本文原載於《教師天地》,第 84 期,民 85 年 10 月。

# 邁向心靈佳境——談「與心靈對話」

## 一、前言

　　王國維在「人間詞話」中提到「古今之成大事業者，必經三種之境界，『昨夜西風凋碧樹，獨上高樓，望盡天涯路』，此第一境也；『衣帶漸寬終不悔，爲伊消得人憔悴』，此第二境也；『眾裡尋他千百度，驀然回首，那人卻在燈火闌珊處』，此第三境也。」郭爾堡（Kohlberg）在人類道德發展上，依據皮亞傑（Piaget）發展心理學提出「成規前」、「成規時」、「成規後」三層次六階段來加以說明，而派克（Peck）將人類心靈發展根據法勒（J. Fowler）的六階段說，融合心理醫師的臨床經驗，節縮成四個階段，分別是：

　　㈠混沌／反社會階段：全然不講原則，人生沒有明確目

標，卻假裝充滿愛心，自私、缺乏靈性，以操縱爲能事，常陷困境，不過，也有可能博得聲名，甚至當上總統、布道人。

㈡形式／組織化階段：依賴組織、戒律、部隊、監獄、黨派……等有形組織來約束自己，上帝是外在存在，不存於自己心中。

㈢懷疑／強調個人階段：心靈較自由理性，沒什麼宗教信仰，但積極投入社會關懷、道德重整、環保、充滿愛心，全心全意追求真理，貢獻自己，使社會美好。

㈣神祕主義／重視共同體階段：行正義之路，不迷信宗教，卻能真正認識上帝，承認神祕，熱愛神祕，主張和諧團結，進入無限發展的心靈之旅的起點。

當然，不同的人可能處在不同的發展階段，一個人不管發展到什麼階段，都可能保留一部分早期各階段的痕跡，在不同的時空情境下，不自主地表現出來。因此，王爾德說：「每個聖人都有不可告人的過去，每個罪人都有美好的展望」，在輔導上具有意義，應予重視。

《與心靈對話》一書，透過心理治療、心靈探索，展現平時少爲人所觸及的領域，述說如何透過對生命本質的了解，生活真諦的把握，如何面對問題，接納事實，排除困難，進而提示如何促成靈性修行，獲得真正的心理調適和心靈成長，真正提昇個人靈性發展的層次，在實用主義抬頭，

經濟掛帥，價值混淆，物慾橫流的時代，改變心靈層次，調整人生價值取向，修正偏差行為，是值得重視的。

## 二、全書大要

本書分「重生」、「生命的探索」和「追尋信仰」等三部分，簡述加下：

### ㈠重生

人由於有敏銳的意識，所以帶來了痛苦和快樂，這些痛苦中，有一種非建設性的痛苦，如牙疼，要立刻消除。對於建設性的痛苦，則應該坦然接受，因為痛苦、生命、生活間有如影之隨形一樣，自然結合在一起。

認定痛苦和生命自然相隨，是屬於生命本質的一部分，乃個人重生的開始，也是促成心理、心靈成長的初步，是預防心理失調所必需。其次，學習是生命的重要內涵，透過學習，促成心靈、心理的成長；透過學習，寬大自己的心胸、原諒別人；透過學習，認識死亡，發現人生深層的意義，找到生活的信心和勇氣，不但獲得療傷的可能，更能讓我們記住生命，了解生命的有限，也讓我們更珍惜生命，更懂得生活。當然，重生需要勇氣、需要意志，面對痛苦仍然勇往直前，連最嚴重的死亡，都可以欣然、坦然面對、克服，就是

人生最大的成長，是一種重生的狀態。

　　總之，重大的進步，都會經過不安、憤怒、討價還價、沮喪、接受的過程，我們所遭遇的每一件事，都能幫助我們學習而獲得靈性的成長，我們突破一項困難，都獲得一次的進步和重生，如「面對痛苦」、「學習死亡」、「學習生活」、「旺盛的企圖心」、「熱中神祕的追求」……坦然面對問題，是心理健康的特徵，也是心靈重生所必經的途徑。

## ㈡生命的探索

　　人的生命固然有限，但心靈成長的空間卻是無窮，派克將人類的心靈層次分成四個階段，並企圖以生命的有限來喚起人類面對事實，迎接橫逆的決心，具有破釜沈舟的氣勢和效果。

　　首先，要從愛自己開始，就心理健康、心靈成長而言，導致個人心理不健全、社會不健全，最重要的原因是個人自覺不重要、不可愛、沒人要了。當然，勇敢地面對一切，就連罪惡感湧現、懺悔時刻、缺乏自信時刻、面對自己不喜歡自己的試煉時刻，對自己的成長，反而是一種不可或缺的過程。實際上，不斷地變化，不停地成長，是人類的本性之一，我們應該努力探索生命，努力開發心靈深處的秘密，做好心理重建計畫，運用格言，橫度沙漠，求見「上帝」，面對問題，接納問題，及早面對危機，進而形成共同體意識，

再激發出凝聚力，充分掌握生命的特質與脈動，如此對於邁向第三階段甚至第四階段的心靈層次是有助益的。

## ㈢追尋信仰

我們透過宗教的智慧來因應獨特的個別生命和多樣化的人生社會。人生來就不一樣，不同的人有不同的生命使命，每個人都擁有一份神祕的自由意志，做獨一無二的抉擇。獨一無二的個體組成多樣化的社會，因為個體獨一無二，顯示個別存在的重要；因為具有多樣性，社會才會完整。因此，每個人都應該絕對的看重自己，尊重別人，愛自己也愛別人，這種獨一、多樣、愛和尊重，就是信仰的基礎。

社會多變、體制多元，連信仰也是一樣，其實，上帝對不同宗教組織的多元，並沒有區分之心。甘地說，既然殊途同歸，走不同的路又有什麼關係，人生追求信仰，求取功名，其實不必有我執和法執，當然，這種見地牽涉到觀念的整合、價值的融合。長久以來，二元對立、多元分立，早已使人坐立難安，大感匱乏，容格（Jung）於是結合了心理學與靈性修養，完成宗教與科學的整合，因而十分受人歡迎。我們似乎該當追求融合的信仰，享受整合的歡樂，將信心化為堅強的行動，訂好計畫，不僅不求一桿進洞，還要做個心靈的超市，放開心胸，接受人生層出不窮的矛盾，努力擺脫競爭和分化。全心以合作、整合來追求靈性。固然，競爭帶

來進步，分化使事情變得更容易，而整合似乎帶來痛苦；但是，合作的進步更爲甜美，人生不加整合，就會支離破碎，也不會帶來真正的進步。在追求信仰以及新舊整合的過程中，不要把嬰兒和洗澡水一起倒掉，要切實記住，把最好的新東西和最好的舊東西整合保留下來，才是提昇靈性層次的上策。

# 三、對教育的啓示

㈠形體隨著歲月自然老化衰退，心理可因心靈養分而永保青春，透過不休止的靈修，就可以永遠保持進步。終生教育理念的落實，在職進修、在職教育的永續，的確有需要及價值，學習的定義是學習學習的方法，教以捕魚的方法比給他魚吃還要重要。

㈡人生的一切際遇都會幫助靈性的成長，因此，引導每一個學生勇敢的面對矛盾、接受困難、迎接挑戰，真正體會困難、障礙是成功的墊腳石，消極的可以減少不必要的挫折，積極的用以激發自我批判、自我省思，將更有助於個人知識、智慧和心靈境界的提昇。

㈢人生充滿無常、矛盾，也充滿阻力，這些因素對健康的人形成無比的助力，尤其，重大的進步，常經過否定、憤怒、討價還價、沮喪和接受的過程，連死亡都要以平常心面對，甚至於還要學習死亡的價值，以了解生命、時間的有

限，進一步好好把握每一刻，快樂地開發未來。

㈣生長過程中要學習原諒和包容，一個人富有不是他擁有的多，而是計較的少，包容則是和諧的基礎。在這競爭充斥的時代，如何引導學生學習寬容與原諒，是值得教育人員深作省思的。

㈤生命的意義在於學習，生命的價值在於把習得的成果，透過各種方式回饋給社會，不因個人名利而相互爭奪。

㈥隨心所欲不逾矩，並不容易，理性自律的境界也有倒退的可能，教育最大的功能之一，是在使每一個人都能保持進步、靈修的動力和習慣，可以減少逾矩的可能。

㈦靈修進步的方式很多，不過，唯一能改變自己的是自己，如果自己不努力，便沒有進步的可能。因此，每一個人都要有心靈重建計畫，時時放開心胸，做個學習人，同時迎接困頓、危險，化阻力為助力，讓阻力像逆風助飛風箏一樣來幫助我們，當然，意志和決心對一個人的成長、靈修非常重要，下定決心做一個學習型的人也是很重要的。

㈧自我概念形塑一個人的價值，一個人的價值決定一個人的言行。因此，自我概念，讓一個人怎麼樣想，就怎麼樣地活著，心靈的對話宣示這樣的訊息，值得我們用心耕耘教育，使之發揮正果。

㈨透過教育的方式，引導學生成長，的確可以慢慢改善學習者的條件，使其心靈持續進步，趨近心靈的較高層次，

使教育的價值、功能，獲得肯定。

　　㈩樂觀、積極、奮鬥、不憂、不惑、不懼是值得加以內化的心理重建格言，人生不如意者十常八九，有道是「活著就值得高興、快樂」，接受現實，是解決問題、帶來進步的基本，透過這樣的思維與教育，讓我們在面對挫折、困頓時，能有勇往直前的信心和力量。

　　㈡每一個人都是獨特的個體，都有獨特的生之使命，在實施開放教育，宣示回歸教育本質的時刻，教育就是從每一個人之所能──每一個人的起點行為開始教化起，然後，把每一個人都帶上來，學習是要發掘學生的潛能，教導是要鼓勵學生善用自己的才能，這樣才能說天無枉生之材，真值得我們深思力行。

　　㈢人生事務，分化容易，整合困難；革命容易，改革困難，際此教育改革之聲高唱入雲的時候，我們要捐棄個人成見，匯成共同意識，以合作替代競爭，以協調代替排拒，以包容代替分立；大家學習以良性、理性來處理問題，和諧推動事務和教育改革，在教師會、家長會紛紛重新運作的時刻，這樣的心情、體會尤感需要。

## 四、結語

　　總而言之，心靈的修行可以分成混沌、形式、自由理性

與天人合一等四個階段，第四階段可說是性靈經過衝擊後所得的結果。不迷信宗教，卻可以認識內心世界的「上帝」，體認生命中的神祕，並努力去了解、開發、另嘗生命的喜悅，感受天人合一、物我無距的生命境界。當然，要進入此一佳境，首先要形成健康積極的自我概念，做一個學習型的人，體悟生命的本質、深切了解人生充滿矛盾、橫逆和挑戰，這些阻礙正是協助我們穿越激流，完成心靈之旅，進入心靈佳境的自然助力，是心理健康不可或缺的要素。我們該當以樂觀喜悅的心來迎接、並善意積極的加以處理運用，這種情形，就像載舟必須有水，放風箏必借助於風一樣，操舟弄箏時刻，不怪風大水急，反而要用心了解風、水之性以及操舟弄箏或游泳奔馳的方法，對人生不也一樣嗎？尤其「人生就是在你已定好的計畫之外所發生的事」，既然「意外是人生」，那麼我們該如何面對、因應，也就十分清楚了。

　　本文載於《建中學報》，第 2 期，p.1～5，民 85 年 12月。

# 生活與教育

　　八十五年七月間，台北市小學近五十位同仁遠赴京都大阪參觀日本的開放教育，人人留下深刻的印象，作者對日本「生活與教育結合」、「教育講求務實」的體悟，更是激賞不已。

　　國人觀光日本，對計程車司機、百貨公司小姐的服務態度，乃至街道乾淨整潔，多有印象。近兩年台北市兩組人馬，包括議員、媒體朋友、教育同仁參觀日本小學，對學校建築施工品質之精良，讚賞有加，大有日本能、為什麼我們不能的慨嘆，其因安在，的確值得思考。今夏，我們參觀京都高倉小學，在簡報室座位上備有清茶一杯、糖果兩顆。簡報中，有人沒把糖果吃完，參觀結束，校長還追到玄關提醒客人回去把糖果吃了。這種處事落實扎實、計畫執行徹底、不打折扣的嚴謹工作態度，應該是他們之所以有今天的主因。而這種嚴謹的工作態度，應該是來自於生活與教育所養

成。

今天，台灣欠缺的恐怕就是這一種態勢，蔣百里先生曾說，生活條件與戰鬥條件一致、國恆興，相背者、國恆亡。在教育上，學習目標與生活目標一致者，社會才見有序，國力才能進步，這種教育才是成功的教育；否則，就是一種殘缺的教育。日本之所以成功，是他們希望有什麼樣的生活目標，表現什麼樣的生活品質，教育就提供什麼樣的學習內容，真正做到生活目標和學習目標的一致性。反觀我們的教育，幾乎只在意分數和文憑的追求，無怪乎，我們有橫衝直撞的車子和態度不佳的服務人員。

我們不必慨嘆日本能，我們為什麼不能，我們趕緊做的是回到教育的務實面，讓學習目標和生活目標緊緊相扣，不再存短視近利，只見分數和文憑，社會狀況才能改觀。

本文原載於《晚安台北》，民 85 年 9 月 5 日。

# 歐洲教育考察綜合感想

## 一、參訪單位學校

㈠教育部駐法文教組。

㈡德國海德堡 Bensen-Gymnasium。

㈢瑞士盧林 Utenberg 中學。

## 二、綜合感想

㈠事事講求務實：舉凡資源分配（共享）、人力運用、校園規畫、學校建築，乃至課程設計、教材選用、教學實施皆可感受到務實的味道，因此，也少浪費（人力、物力）。

㈡重視統整學習：學習上強調生活化，常從身邊事物和問題解決開始，透過操作、體驗，以及實際情境之提供，易生趣味，常見效果，尤其所學容易致用，也是務實、經濟的

表示。

㈢強調分工與分工後專業之尊重，相關人員了解並守住行政與專業權力的分際，既減少彼此間不必要的干預，更免除了不必要的人力重疊和浪費，工作也比較容易深入精當（學校以教學為主）。

㈣比較能落實放權、分權、授權，人人各有獨立自主的空間，既是人性化的尊重，也是務實省時、省力的表示。（很特別的教師考核）。

㈤從小培養學生獨立自主的人格、工作態度和工作能力、習慣……長大後，不必刻意監督，人人幾乎可以「管住自己」發揮所能，可以減少行政成本，也是務實的作為。

㈥強調責任感、榮譽感，讓學生體現學習是權利，是自己的責任，避免「餵食學習」、「填鴨學習」、「被動學習」，免除從小就被管理成性，要求成性，長大了也需要他人監督才能工作的情形——也是務實的，使人力發揮相加相乘的效果。

㈦讓學生學得自然、快樂，學得沒有壓力，才會願意長時間的學習（成績計算的彈性）——在學時間不一定長，學習生涯則長。

㈧認為「有用的學習才有用」、「能力比學歷重要」，不崇拜高學歷、高文憑——也是務實。

㈨守法觀念深入人心，守法是一種自然習慣，教育人民

「守法是保護我自己權利的第一步」，因此，人人傾向守法，無形中社會成本、行政成本大幅降低。

㈩護舊：英、法、德、瑞、義諸國對古文物的堅持護衛，令人肅然起敬。

㈢創新：許多發明和流行來自歐洲，大概是因為護舊，所以能創新——不能輸給幾百年、幾千年前的老祖宗啊！

㈤開放：學校無圍牆，去掉有形之牆，還可以去掉無形之牆，似乎隱示人際間有信任、有接納，此種開放多元，大概有助於創新吧！

本文原載於台北市八十四學年度特殊優良教師教育考察團「教育考察報告」，85 年 5 月 20 日。

 # 教育改革的基本構想

## 一、教育的功效

我想，像教育改革這樣的一件大工程，最近一、兩年來受到我們社會大眾非常廣泛的注意，那麼一定有人會問，我們為什要實施教育改革？最近也有些人懷疑教育到底有沒有效果？而教育界不管哪一階層的同仁都受到很多的質疑；像社會的亂象、經濟的進步……，這些大概都會和教育扯上關係。教育的功效到底是在哪裏？我就舉一個很簡單的例子來說明，教育的確有它很大的效果。

前年暑假，我帶領近百位樂隊同學到泰國易三倉中學參加該校的校慶活動，剛好大陸廣東省教育當局也有幾位先生到訪，在觀看表演和中午會餐時，大家同席交談教育事務，彼此都十分愉快。下午活動結束準備回旅館時，有幾個學生

非常認真的提問：「為什麼和『共』匪有談有笑？」當時，心中閃過兩個念頭，誰說我們的教育沒有效果，其次，教育的內涵和受教者的觀念是否該隨時代之變遷而有所調整？可見得教育的適切改革確實是有需要的。

這一、兩天，在媒體上最熱門的新聞就是中台禪寺的問題。我們看到有父母和子女對跪，我們不了解這其中有多複雜的互動關係，但是至少我們覺得一個研究所畢業生、一個大學畢業生、一個中學生，他和他的父母相處了十幾二十年，但是當這孩子去參加佛學夏令營，不過才一週左右的時間，他馬上做出這樣快速的調整；這表示家裏的親情、其他的友情，並沒有引起他的關注，並不能導致他的心安，他寧可選擇這一條路，也不願意再回到我們所謂的紅塵世間。從這裏我讀到了一個非常嚴肅的訊息：我們給下一代太多太多的壓力了。他之所以走入佛門，無非是尋求一個心理的平靜；這個社會上給他太多的壓力了！

另外，和這個事情不過一線之隔的，就是前陣子也發生過好幾個學生自殺的案例。我們的社會中，這樣的現象層出不窮，事情也不斷的重複發生；到底我們教育的目標是什麼？我們要的到底是什麼？這些事件是不是和我們教育的現象有關？就我個人覺得他們是有高度相關性的。那麼我們的教育到底是哪些地方出了問題？我想我提供一些想法給各位，也就是教育改革的背景。

## 二、教育改革的背景

　　我們整個社會好像已經把教育的目標窄化到「分數就等於學習」、「文憑就等於教育」。是不是所有的小孩子在這個社會上都需要分數、需要文憑，他在這個社會上才能夠活得很好，這是一件值得我們去思考的事情。

　　長久以來，文憑第一、分數至上的想法，已經造成我們社會的解組、價值觀念的混淆，怎麼解組呢？就像我們所認為，受到最好教育的知識份子，反而最令我們感到憂心。我想我還是舉出幾個例子來說明。

　　各位應該都還記得清華大學博士班的研究生，他為了挽救女友的心，下藥讓女友去住院。他想，這樣一來藉由他的照顧讓女友感動，就能挽救彼此的感情；結果下場當然是挽回不了。其次，中興大學研究所的某學生，因為成績總是排在班上第二，無法再進級，於是他就想辦法將放射性的磷讓第一名的同學服用，想要由第二名爬升至第一名；結果這件事情經過一段時間後，終於被指導教授所發現。這二個事件都說明了一件事，如果我們的教育只是培養競爭、培養分數、培養文憑，那麼我覺得這個教育就不必辦了。

　　其次，各位或許也曾經聽過這樣的例子。我有一個好朋友的女兒，就讀的也是所謂的名校；因為星期一要考數學，

所以週末整天在家看書，但是其中有幾個題目，怎麼算也不會，於是她星期一起了個大早打算到學校去問同學。結果她問某甲，某甲說她不會；於是她問某乙，某乙也說她不會；後來她又問了某丙，某丙也一副不懂的樣子。當考卷發下來，非常不幸的剛好考到她不會的那一題，結果，除了我那朋友的女兒真的不會之外，其餘她剛請教的那三位同學，全部都會寫。

學習如果是把大家踩在腳下，要大家都倒下，只有我站起來就好了，那是非常可悲的。而這些都是文憑第一、分數至上，所造成的價值觀念的解組、行為偏差以及人性的扭曲。

各位老師，讓我們想一想，這些孩子將來長大以後，在社會上所造成的惡質化競爭，會是好的嗎？因此我發現臺灣地區目前最重要的問題就是，我們的學習目標和生活目標是分離的。我記得蔣百里先生曾經講過：「生活條件和戰鬥條件一致，國就會興；生活條件和戰鬥條件相背，國就會衰。」也就是這個道理。

相信很多人都到過日本，大部分的人都覺得在當地不管是百貨公司售貨小姐或者是計程車司機，待人的態度都非常的好。為什麼？我發現他們是朝著：希望生活是什麼樣子，就學習將來所要過的生活的那個樣子；也就是說，學習提供了他們將來所想要過的生活模式。請各位想一想我們有沒有

這樣子做？這是很值得懷疑的，而這些就是我們今天整個臺灣教育惡質化的現象。造成這種現象是我們教育同仁的錯誤嗎？其實我們都沒有錯，我們的教育同仁一直在作努力，但是我們的努力一直在被抵銷；甚至我們整個價值觀也都在做抵銷的工作。

以上就是我們需要作教育改革的一個強烈的背景，所以我們是不是要重新的想一想，教育的目標到底是什麼？先定位出教育的目標之後，我們才能開發出好的方法。如果說分數等於學習、文憑等於教育的話，那當然大家都認為分數第一、文憑第一，其他的都不會重視。

## 三、教育改革的期望

我們常講「教育是百年大計」，但是我們做的不是百年大計的事。因為我們沒有把生活要的目標和學習的目標結合在一起；我們沒有把眼光放遠，不知道教育是必須要為我們的未來著想。現在李遠哲先生所領導的教改會，以及我們臺北市很多位教育同仁共同推動的教育改革，就是根據這樣的一個背景，覺得教育必須要做一些調整才行。

各位應該聽過李遠哲先生所說過的一句話：我們的教育只是照顧到前面百分之二十至百分之三十的學生，後面百分之七十到百分之八十的學生，我們常常是忽略的。我經常在

思考這個問題，我們用百分之八十的精力去照顧百分之二十的學生，拿剩下的百分之二十的精力去照顧百分之八十的學生，到底算不算公平？問題是前面百分之二十的學生，有相當大的比例將來都到國外去了，也許一輩子都不回來了；而留下來為這片土地努力、賣力的是後面百分之八十的學生，我們怎麼忍心用很少的精力去照顧這些學生呢？

我曾在職業學校服務了相當長的一段時間，所以我認為我們應該要引導這些學生，給他們更好的學習機會，營造一個快樂的學習環境，把他們的信心找回來。

學校本來就是培養學生信心的地方，但是如果說學生到學校來學習的結果是讓他們喪失了信心，那我們身為師長的就應該要重新思考這樣的一個想法了。

就教育的角度來看，我們應該要讓每個學生在學習環境中學得有用而且要快樂；而我們覺得職業學校在培養學生這方面，比較容易達到讓學生有用而且快樂的境地。以下就是對於這方面的一些想法，提出來和各位共同思考。

我們的教育容易走入一體性的觀念，我們常不管學生本來的特質是什麼，只用一種方式去教他；在國中有這個現象、高中有這個現象，在高職我想也難免有這個現象發生，所以大部分的學生學得並不快樂。他有功課的壓力，加上生活並不如意，所以常常會逃避、會墮落、會退縮，一旦當他挫折越多，他就越容易表現出反社會的行為。為什麼會這

樣？我想這和我們教學上的一些想法有很大關聯。所以教育上所提到的鬆綁、開放、多元和專業自主這樣的一個基本想法，可以說是適用於我們每一個老師同仁的身上；想一想我們有沒有用同一種標準去要求不同的學生。

對於現在的教育、現在的教學，我們常有一種感覺：所有的學生學習的能力大致上是相同的，只是學習的速度、學習的方法不一樣；而我們就常忽略掉這最重要的一點。

就像我們放了一組的實際上容量相同的瓶子，但是它們的瓶口與瓶身有大小之分。現在如果我們用一大桶的水朝上灌下，瓶口大的瓶子，你才倒一次水就滿了；瓶口小的瓶子，你要倒好幾次，水才會滿。但是現在你倒一次水，就要以此判定哪個瓶子的容量較大，那當然瓶口大的瓶子進水量多，你也就認為這個瓶子容量最大了。我們現今的教學就常常會有這個現象，所以大部分的學生無法學的快樂。

如果我們再把學生比喻成大豆、玉米、花生不同植物的話，不同的植物栽種的方法應該是不一樣的。但是今天我們如果拿栽種大豆的方法來種植所有的作物，那麼大豆一樣是長得很好，可是玉米、花生可能就只有枝葉，而長不出好的花生、玉米了。

所以教學、教育也是一樣的，要注意適不適教，根據每一個學生不同的根性去做發展，還必須兼顧到學生的個別差異。而我們今天的教育則常常會讓學生覺得自己學得不好，

造成學生的挫折，我想主要就是因為這樣的原因。

　　當學生在遇到挫折的時候，有些人會退縮；而另外一些學生在遇到挫折時，則會採取攻擊的方法，包括攻擊自己和攻擊別人。學生常常是活在他自己的希望之中，因為他每一次都考不及格，所以他覺得只有讀書沒有希望，於是他認為只有墮落一途可走。一旦學生覺得沒有希望、充滿挫折、放棄了學習，他便很可能參與幫派、吸毒、飆車，從這些行為中去獲得他想要的滿足感，感覺「我是重要的」。而對於學生這樣的消極想法，我們必須提出教育改革的策略來調整他們的價值觀。

## 四、教育改革的策略

### (一)跳脫書本

　　我們常將學習窄化到打開書本唸書才叫做學習，這是錯誤的觀念，事實上活動也非常重要。我們要利用社團活動的時間，來彌補「打開書本才叫讀書」這個陝隘觀念的不足。

　　我們想想看，如果要打開書本才叫看書，那整天坐在書桌前讀書，然後考一百分的人就應該沒有缺點了，可是這些缺點等到你出了社會做事時就會一一暴露出來了。只是恐怕到了那個時候已經來不及了，老闆可能因此不要你了；只有

在學校當學生時，我們才容許他有犯錯的機會，給他犯錯的可能。藉由活動，我們才能從中觀察到一個學生的優點及缺點，老師也才有機會找到輔導切入的重點。

## ㈡揚棄分數

為什麼現在很多成績都用A、B、C來代表學習，而不用百分來代表呢？目的就是要模糊掉不必要的競爭，因為分數並不是唯一的根據。而在紐、澳一帶，他們教育改革的方式是在成績單上看不到任何分數的，但是在我們臺灣卻把分數當成學習的成果；一旦父母親的心情隨著成績單而飄浮不定，那麼孩子的心情也會隨著飄浮不定，學習起來成效怎麼會好呢？

## ㈢多元化的價值觀

做老師的常常會有機會引導學生就自己的方向去思考，這時候老師就要教導學生用寬廣的心來思考多元化的價值觀。像我們做父母的、做老師的如果能夠容納不同專長的學生，就可以減少長久以來加諸在學生身上單元價值觀的迫害，那麼每一個學生都會很快樂。

我們必須要有多元化的價值觀，容許學生有不同的想法，用不同的學習速度去學習不同的事物；而這個多元化價值觀卻是今日臺灣社會所最欠缺的。

## ㈣重視活動

　　對學生來講，讀書也許是最重要的一件事，但是書本不是唯一的人生目的。學校發展社團，目的是讓學生可以經由參與社團，培養人際關係和處理事情的能力，所以往往社團裏的孩子，成熟度是比較快的。

　　所謂的重視活動並不是要你就不要書本了，只是要告訴你，書本不是學習的唯一內容，我們應該要學著參與活動、發展社團，藉著體驗來加深加廣學習。目前職校所實施體制上的改革，如辦理校外實習、校內實習，安排機會讓學生去體驗，這些都是重視活動的證明。

## ㈤善用差異

　　職校的學生，一般在程度、觀念上差異很大，所以老師就更不宜用自己的價值觀去取捨，不能說只喜歡與自己價值觀相近的學生；在學習上強調的是個別差異性，不是公平性。

　　像這次北聯的考生孫嘉梁同學，因為他先天上的條件與一般考生不同，所以在延長考試作答時間後，他以不必加分、相當優異的成績考上建國中學。這就是因為我們強調他的差異性而不強調他的公平性才能做到的。否則，他若是和一般正常考生一樣，考試時間相同，相信他很可能永遠考不

上一所好的學校。

## (六)營造空間

教育要能開放不同的舞臺，讓學生可以依其專長在不同的舞臺發揮所長、表現自己，給他掌聲。這樣一來所有的學生就會很快樂，他會比較樂意去學習，產生興趣之後，也比較不容易變壞。有舞臺的學生，通常是比較快樂的。

## (七)發揮專業

老師的專業在教育改革中也是相當重要的，因爲老師要用他的專業知識去判斷孩子們的差異性在哪裏，給予孩子們不同的引導。學校的教育是在教會、學會，而不是在做評斷，老師的專業知識就是一個最好的輔助工具。

## (八)統整務實

教育終究要回歸到統整、回到務實的層面來，這樣的學習才算是有效的。

不知道各位有沒有注意到，一些教育改革比較具體的國家，他們很多的生活哲學都已經落實到生活上去，他們的生活和教育是結合在一起的。也就是我們希望什麼樣的生活內容，在教育的時候，就要教這個內容給我們的下一代。因爲畢業以後，他就是照我們所教的這個內容去過他們的日子。

## 結語

其實我們做老師的會發現，適當的期望、好的希望是最好的輔導方法。如果做老師的讓學生知道你對他是充滿希望的，他往往會奮發向上；反之，學生如果知道自己完蛋了，老師根本不在乎他，家長也不關心他，他就很容易走入歧途、放棄學習。所以說，「希望」是輔導上非常重要的工作；對老師來講，你不必費太多口舌，你只要多鼓勵他就可以了。

人是活在希望之中，人是活在被鼓勵、被肯定、被期望之中。所以說希望是很重要的；老師們要用寬廣的心給學生機會，藉著發現機會、把握機會，然後再運用機會、創造機會。

對於一個眾人都認為很壞的學生，老師就要想想看他有沒有好的一面。就從他好的一面開始，給他機會鼓勵他，給他信心；慢慢地，他的優點就會增加，缺點就會減少。多利用一些機緣，找一些小事讓他做，讓學生漸漸地建立起自信心，進而找回學生失落的心。最後我想以一個小例子做為今天講演的結束：

有一個小和尚和一個以殺豬為業的屠夫住得很近，每天早上，和尚要早起唸經，屠夫要早起殺豬，但是他們常常都

起不來。後來，他們就彼此相約定：和尚若早起就叫屠夫起床殺豬，屠夫若早起叫和尚起來唸經；經過很多年一直都相安無事，和尚和屠夫彼此都沒有誤了自己的事。

後來他們二人都死了，閻羅王就判定和尚下地獄、屠夫上天堂。但是和尚對這個判決很不服氣，他認為為什麼他唸了一輩子的經，卻要他下地獄；而屠夫殺了一輩子的豬，卻可以上天堂？閻羅王回答說：和尚你雖然是唸了一輩子的經，但你是為自己而唸，況且你總是叫人做壞事（叫屠夫起床殺豬）；而屠夫雖然殺了一輩子的豬，但他也是殺給別人吃的，而且他卻總不忘叫人家做好事（叫和尚起床唸經），所以我才判定和尚下地獄、屠夫上天堂。像我們做老師的也是一樣，我們自己做好事，也要叫學生做好事，要引導大家做好事，那麼保證大家都可以上天堂。

最後，我想強調一點，教育改革需要大家一起努力。

本文原載於《名人開講》。台北市私立育達高級商業家事職業學校，86 年 6 月。

# 小學科學教育的省思

　　美國賓州克拉利安大學（Clarian U of Pennsylvania）生物系教授米其林（K.R. Mechling）指出美國一萬六千個學區中有許多小學的科學課程，由於執行不當，已受到致命的扼殺，為了挽救科學教育的危機，他提出十項值得小學科學教育同仁深思的問題，特別加以引述，以供參考。

## 一、課程紛歧，缺乏統整目標

　　美國科教課程，紛歧很大，各校自行其是，對國家而言就等於缺乏目標一樣。他建議教師應和校長等有關人員研商，確立科學教學的目標。我國的科學教育課程，雖訂有目標，但實際負責運作科學課程的教師未必完全有機會詳究課程標準，掌握課程精神，深入了解單元目標。因此仍然容易造成教學方向的偏差，或教材深淺把握不當的現象。課程目

標之了解、確立與統整，有助於教師對教材之詮釋，是值得重視的。

## 二、經費不足，資源不夠充分

以美國之富，仍感科教經費分配不足。事實上巧婦難為無米之炊，經費之於教育，就像筆之於書寫，汽油之於行車一樣，經費之多少自然影響設備之充實、資源之取得和教師在職進修之機會，這些都是科學教育目標能否達成的重要因素。台北市國小經費雖較其他區為多，但分配到科學教育者仍屬有限，例如校際間經費分配的合理性、公平性，科學教育機會的均等性，乃至設備購置計畫的擬訂是否均經教學者和行政人員的充分溝通，已購置器材是否充分使用等，均是經費分配運用上值得進一步費心的問題。

## 三、推拖忽視，缺乏積極主動的心態

米氏不客氣指出，有些教師藉詞減少教授科學課程的時間，如遲到早退或上課廢話過多，或只一味抱怨時間不足、設備不足、實驗室規則不當、學生程度欠佳或不整齊等問題，卻不思克服之道，此種消極心態，足以降低教學效果。此種現象，是否亦存在於我們科學教育的教學活動中，是可以想像的。事實上，自然科教師如果缺乏積極的教學心態，

未能完全投入教學活動之中，自然科學的教學效果，便會打很大的折扣。

## 四、教學混亂無序，缺少統整規畫和引導

　　課程的發展、教材的準備、各單元教學計畫的形成和教學活動之進行，需要引導和規畫。教師同仁間如果各行其是，單打獨鬥，不但不夠經濟，事實上也會降低整體的教學品質。因此各年級的自然科學課程，無論科任教師主持或級任教師主持，均應有所組織，大家分工合作，將教學活動加以統籌規畫。如此對每一教師而言，只須分擔教學活動中的一小部分工作就能享受到完整教學活動的每一個環節，而減少個人準備的心力，提高教學的效果。

## 五、課程內涵呆滯、缺少變化

　　課程標準之編制費時費力，教材之蒐集編寫亦然，而科學概念之發展，科學現象之新生可能一日千里，課程之發展自然難以因應配合。因此，教師自然應該把握課程標準的精神，不時更新教材的內容，活化教學的方法，使教學活動有活潑性、生動性，如此，課程標準也許不新，但教學內容仍然切合時代的發展需求，尤其配合活潑的教學方法，仍然可以做好科學教育工作。

## 六、宣導不足,績效未能彰顯

　　科學教育的成果,應該讓家長、社區或社會人士了解,求取他們適當的回饋,一以鼓舞學生,鼓勵老師,肯定學校教學績效,亦可滿足家長或社區人士對學校進一步深入了解的需求。一般學校,社區性活動不多,而實際活動時,也很少作宣傳;因此,不妨透過多種方式,讓各界人士知道學校科學教育的成果,如辦理科學性社區服務、舉辦家長參觀科學活動、邀請家長參加標本採集……等均可嘗試。

## 七、對課程之消化融會不足,未能精確把握課程真義

　　消化融會不足泛指教育人員,尤其是科學教師,對科學教育目標之了解不足,對教材教法未能融會貫通,以及欠缺課程基本概念等現象。這些現象常導致教學方向的偏差,是未能完成教學目標的重要原因。教師宜掃除教學慵懶症,主動建立課程的基本概念,充分認識課程標準和相關教材,如此,於運作課程、詮釋教材時,才能依照課程標準和學生經驗課程間的差距,提高教學的品質。

## 八、教學萎靡,缺乏積極涉入

　　米氏發現,科學教學常失之呆板,學生只在教室內聽科

學或「談」科學，而缺少活動、有趣的積極性教學活動，學生失去了操作練習的機會（hand-on experience），以致教學方式未能完全和學生學習心理發展的階段相互契合。教學時應該讓學生去經驗、活動、觀察、測量、研究……，使之能從操作性的經驗中，了解科學活動的過程，歸納出科學的概念，培養科學的態度，我們要提醒的是良好的小學科學教學活動應該有百分之四十至六十的時間用來作科學操作性活動（doing science），而不僅僅是談自然課本而已（reading science）。

## 九、教材孤立，未能和生活密切配合

小孩子常為周遭事物、活動所吸引，這些包括有動物、植物、石頭、自己的身體……等，因此學習的內容如果和生活或生活經驗脫節，而自我孤立於外，不僅不易吸引學童注意，學習效果也會打折扣。有時，生活性教材，如果處理不當，也會發生脫節的現象。因此，如果是學習動物，不妨從動物園的大象、老虎、或從家裡的寵物開始，較能吸引學童，至於應該學習的內容如何，則另須慎重探討了。

## 十、教學場所自我設限，未能充分運用自然資源

有些教師慣於在教室上課，不肯嘗試變化教學場所，帶

著學生走入大自然進行自然科學的教學活動,成為典型的「溫室型」的室內教學,使學生失去了呼吸原野新鮮空氣的機會。自然科學就是大自然的教學,教學時應多將學生導入大自然,讓他們有更多機會接觸大自然去做科學,而不只是談科學。

國小學生原本好問,也善於追根究底,就科學教育而言,根據皮亞傑的看法,沒有活動教學,就沒有科學教育,教師應該積極主動地領導自然科學教育的進行,了解課程,活用課程,革除封閉、孤立等教學上可能之缺失,根據學童認知心理發展的需求,強調學生動手操作的重要,導引學生真正涉入科學活動,不只耳聽、眼看、鼻聞,更要用手來操弄,以培養學生正確的科學態度,學習科學的方法,建立正確的科學基本概念,以全面提高科學教育的效果,為科學建國做好奠基的工作。

本文原載於《國教研定雙月刊》,第 8 期,民 78 年 8 月。

## 參考資料

Mechling. K. R. & Oliver. (1983) D. L. Who is Killing your Science Program？Science and Children Oct. pp.15-18.

# 自然科創造思考教學要領

　　大自然是一本讀不盡又有趣而值得一讀再讀的好書，面對無邊無涯的自然，有人可能視若無睹，有人則能經由五官的知覺，發出驚奇、懷疑、贊嘆，而思一窺究竟的感覺，因而產生學習的效果。此種驚疑、好奇、追問到底，終至解謎，正是學童學習科學知識的自然管道。這些學習歷程的特質和創造思考教學所著重的特質相近，因此，自然科的教學十分適合運用創造思考的教學方式。

　　科學家或科學工作者，具有科學的素養和科學專業知能，常常具有充分的好奇心和高超的敏感度，他的「眼睛」不僅已訓練成能看到常人所能看到的現象，更能體察入微，透視常人所看不到的事物。他們也具有良好的創造思考力，因為學習自然、接近自然，本就是培養敏感度和創造思考能力的自然管道。因此，透過自然科學的教學活動，培養學生良好的創造思考能力，是理想的途徑之一。托倫斯認為，各

種年齡層的小學生都可以有創造性的反應，國小時期更是培養創造力的關鍵期。總之，在國民小學自然科教學活動中實施創造思考教學，及早培養學童創造思考能力，是值得重視的。

基於上述的體認，本文擬談談自然科實施創造思考教學的要領，以供參考。

## 一、避免強調一致性，容許相當的彈性和自由

科學活動時，對實驗活動步驟，若非安全顧慮，不必強求一致，甚至有些答案，都可以保留彈性，賦予學童相當的思維空間，誘引自發性的思維活動和學習興趣，進而培養思辨能力和習慣。比如，水稻成長過程中，先除草再施肥，或先施肥再除草，實際上都有農民採行，不必只選列其中之一為標準答案。唯一的標準答案，不但違背科學教育和創造思考教學的精神，連帶也扼殺了學童學習自然科學的興趣。

## 二、多肯定、多鼓勵，以激勵學生的創造力

教師絕不宜以成年人的標準來衡量學童的答案或科學活動的品質，對學童認真探索得來的答案或意見，應該先予肯定，多以「真是一個好方法」、「有這樣的想法，真不容易」、「太棒了」……來鼓勵學童，以提高學童學習興趣，

事實上，老師以昨日之所學，教給今日之學生讓他們明日使用，以科學發展一日千里而言，實在緩不濟急。因此，如能給予肯定與鼓勵，引發興趣和創造能力，比教給他們知識更為長遠有用。

## 三、以學童的標準來評量、肯定他們的科學能力

　　科學的能力，包括思考能力、探索能力和操作能力，要透過操作來培養。基本上，在學童嘗試建立假說，實驗設計，資料蒐集，資料分析，判斷……等科學活動時，教師應該認可他們是一個良好的問題解決者，肯定學童獨立作業的角色能力和獲致的績效。如此，消極來說，可以減少學童的挫折，積極來說，可以增添他們成就的滿足感，更能使之喜歡參與科學活動，熱愛科學活動。久之，更能激發研究、思考的意願和能力。

## 四、提供學童從不同角度，用不同方式，探討問題、尋求答案的機會

　　根據皮亞傑的說法，國小學童正值自我中心期（egocentric），他們傾向於從單一角度，或僅從自己的立場來探討問題。因此，如能不斷提醒他們，並給他們機會，引導他們，從活動中知道，「橫看成嶺側成峰，遠近高低各不同」的現

象——原來，同一個問題，從不同角度去探討，便會有不同的面貌。此種經常性的體認，對學童突破自我中心期，建立開放的心靈，容納不同的意見，運用不同的方法解決問題，具有相當的助益。

## 五、安排創造力表現傑出的學童，參與較高年級學童科學活動的機會

透過有效的設計，適度解除班級或學校建制的限制，實施班際、年際或校際性的科學活動或探索性社團，讓不同班級、不同年級或不同學校的學童有混合活動，相互分享學習經驗的機會。此種混合學習活動，對年幼學童的幫助極大，透過此種機會，他們可以驗證自己的能力，學習不同的問題處理方式，體認不同學習方式在學習績效上的差異，對建立開放心靈，學習思考技巧，具有幫助，唯他們的學習情緒可能較不成熟，和不太熟悉的學童共同學習，可能不太習慣，教師可隨時加以注意、輔導。

## 六、經常促使學童保持高度好奇的心態

好奇心是學習和創造的活水源頭。學童往往由於好奇之心，而生接觸、探索之意，因接觸探索之意，而有操弄、思考之實。學童就是經由系統、計畫的操弄，思考的歷程，產

生了學習、創造的結果。缺乏好奇心的人，總覺得「萬象本如此，何事驚奇之」，對周遭事物的變化推移，根本無動於衷，也就難以產生學習、創造的結果。老師可以變化教學場所、教學方式、探索方式、實驗組合……等以保持學生學習的新鮮度，引導學童保持好奇心態，使之持續有效地學習，並發展創造思考的能力。

## 七、充分運用發問技巧，提供思考機會，培養思考習慣

思考能力，像一把質地好的刀，越磨越用越銳利，反之則否。奧斯朋認為人的思想像一把傘，沒有張開就沒有功能，因此，必須不斷地提供學童思考的機會，才能增進思考能力。根據研究，學童生而具有的思考能力，卻因後天的學習模式、生活方式，如過深、過廣及過高的學習資料、不當的教學方式，造成學童不必思考、無暇思考、放棄思考的學習，導致思考的惰性，久之，思考能力、思考習慣盡失。發問技巧使用簡便，並可提供學童思考的機會，是自然科教學上，極有價值的一環。

## 八、勿過度強調團隊工作

創造性的科學工作者，通常具有高度的獨立工作習慣和

工作的自主性。在學習和工作上，團隊精神和團隊工作，固然不能忽視，但是，就培養創造力而言，不宜也不必過度強調，以免妨礙學童創造思考能力的培養。此一要領和群育目標似有不同，教師在運用時，則宜解說清楚，兩者兼顧。在實施腦力激盪或創造力思考活動時，對個別化的創思活動，應特別予以鼓勵接納，對於一般的教學活動，在顧及群育目標時，也不宜忽視學生創造力的培養。

## 九、了解所有學童不一定表現出同樣的行為

一般而言，在同一情境下，不同的學童，不一定有相同的反應。如果，情境改變，學童的表現不但有可能隨著改變，而且其改變的結果，可能大異於原有情境下的行為模式和行為品質。比如，在某種教學情境下，表現欠佳的學童，在另一種教學情境的引導下，可能會有很好的表現。托倫斯即曾指出，當我們顯著地改變教學方法時，原來是高成就或學習明星的成員，可能就會有顯著變化；原來是低成就或學習遲緩者，可能會有傑出的表現。在創造思考教學上，值得教師警惕，應適度妥當地變化教學方法，以誘導不同學習特質的學童學習。

## 十、在教學方法的運用上，教師應保持創造性

　　教師的教學態度、教學方法，以及教師創造思考的運用，形成一股不可忽視的潛在課程的力量，不斷暗示學生，影響學生。因此，教師本身如果缺乏創造思考的理念和態度，教學方法一成不變，便難以協助學童養成創造思考的習慣和能力。「有什麼樣的老師，就有什麼樣的學生」，希望學生都有創造思考能力，教師便應該先具備相當的理念，表現出創造的態度和行為，在教學方法的運用、教學情境的設計上，均應確切配合，才能獲致創造思考教學的效能。

　　當然，可資用以協助學童培養創造思考能力的要領很多，實在無法一一述盡，其運用之道，可謂存乎教師之心；但要教師具備創造思考的理念，在教學上，隨時提供學童思考探索的機會，讓學童養成動腦的習慣，能注意周遭的事物，凡事「願意想」、「敢去想」，同時能「想得多」、「想得好」、「想得巧」、「想得妙」，並將這種習慣和日常生活相融合，將創造思考的方法應用到生活問題的解決上，能如此，對自然科教育目標之達成而言，可以說，雖不中亦不遠矣！

## 參考資料

1. 陳龍安（民77）：《創造思考教學的理論與實際》。台北市：心理出版社。

2. 李錫津（民77）：《如何引發幼兒的創造力》。文收入幼稚教育輔導輯(二)，台北市教育局出版。

3. 李錫津（民76）：《創造思考教學研究》。台北市：台灣書店。

4. Piltz, A & Sund, R (1968). *Creative Teaching of Science in the Elementary School*. Boston: Allyn & Bacon.

本文原載於《國教月刊》，第 36 卷，第 7、8 期，民 79 年 4 月。

# 雙贏機制──多元入學與圖書館功能

## 一、啟動教育改革

　　教育改革是九〇年代一項全球性的運動，台灣自不例外。瞿海源（1994）評析國民政府遷台後，歷年教育部的施政報告（1966－1993），發現這二十七年間，有些教育問題不斷重複，其中第一大問題就是「台灣教育的威權性格」，顯示台灣教育似乎也有解嚴的需要，像各級學校的聯考，就是經常受批評而亟需鬆綁的措施之一，此種聯招機制，使得各校排名形成超穩定的階層等第，造成新型科舉的競爭構造以及形式主義，也形成一元化一試定終身的學歷主義，而非講求實力主義的多層化證照主義（張宏輝，1997），造成許多不良後果，教改成為不得不然的趨勢。

　　是什麼因素使得學界和民間，甚至於政府相關部門產生

這種共識和危機意識，主要還是和社會的整體發展目標和現象有關，而發展（development）這個題目是近幾十年來社會界的研究重點之一（羊憶蓉，1994）。

## 二、多元入學與教育改革

　　我們已處在一個大轉換（the great transformation）的時期，教育上必須作結構性的大調整，才能因應二十一世紀的需要。台北市教育局重視教育改革，積極推動各級學校教育發展，為改善多年來高中入學聯合招生考試對國中教育日益嚴重的負面影響，特別於八十四年五月成立「多元入學方案研究小組」，研討改變聯合招生考試的現行制度，期能帶動國中階段的教學正常化，還給教師教學專業自主的空間，改變長期以來，考試領導教學的偏頗現象；讓教師在教學時，能不再受制於升學唯一管道——聯考所帶來的強大壓力；根據專業理念施教，讓學生的學習能有活潑多元的學習內容，讓家長能有思考的空間，幫助孩子接受適性的教育（丁亞雯等，民85）。此種多元入學方式，包括「聯考加採國中在校成績」、「推薦甄選入學」以及「用在學成績申請入學」等，其中，推薦甄選已於八十六學年度實施，成效顯著，反應很好，申請入學於八十七學年度開始，加上原已有之的自願就學、各項資優生保送和聯合招生等方式，台北市高中的

入學方式已呈現多元的彈性風貌。

## 三、多元教育改革的教育觀

　　基本上，多元入學方案的改革，呈現一個主軸，即是使國中生的學習結果，適切地反應在高中入學機制上（丁亞雯等，民 85）。合乎世界各國後期中等教育入學，極少以一次共同考試成績作為入學惟一標準的趨勢（丁亞雯等，民 85）。其次，新世紀的教育觀，是一段終生學習的過程，教育應該訓練我們如何駕馭資訊、解決問題、發揮想像、致力創造、同時也精熟特殊科技資訊。研究證明，學生組織讀書小組一起學習，比讓學生坐在各自位置上各學各的，其學習成效更好、更多、更快。過去，一位受過教育的人，是在他的腦中裝滿許多知識的人，現在，我們相信分析、解決問題和批判思考的能力，才更重要（蕭昭君譯，1997）。教育已由知識導向轉為手腦並用、學以致用的導向，課程上，由著重老師教什麼轉為著重學生學到什麼，學習強調蒐集、分析、組織資訊的能力，表達和分享資訊的能力，以及理解不同文化的能力，以適應日益繁複和國際化的社會。

## 四、多元入學與圖書館功能

　　因此，新世紀的教育改革，從教育觀念的調整，入學方

式的多元化，可以明顯看出，學生學習方式、學習歷程、學習方法和教師角色，將有鉅大的轉變。在整個學習過程中，更由於終生教育、回流教育觀念的導入，教育產生諸如上述的許多變化，圖書館將因其教育功能的特殊性，而扮演更爲積極、重要的角色。

我們先以台北美國學校爲例來說明。圖書館在台北美國學校扮演非常重要的角色。二千位學生，就有四座圖書館，單是中學部圖書館即有四萬冊藏書，三百多份期刊。學生一入學，每週就有一節課是圖書館時間，就算幼稚園不識字的孩童，也要讓他們知道，這是他們的圖書館，由館員領著選他們喜歡的故事書，唸給他們聽，使之對書產生親切感，成爲愛書人。年紀稍長的學生，在圖書館裡學習如何使用索引、尋找資料，整個學校自上至下，重視資料蒐集與分析（天下編輯，1994）。學生是否學得主動親近資料、整理資料、運用資料、賦予資料新意義，將比記住許多知識來得重要。

圖書館本是藏書的地方，也是提供資訊的場所，從古時借閱典籍，提供看書、查檢資料的處所，到今之提供資訊、利用網際網路，以輔助教學或自學的資料整理參考等，圖書館在學習教育上，始終扮演重要角色（林明美，民86）。如今，多元入學方案成熟啓動，勢必帶動學生學習興趣、方式、管道、進度、難易度……的多元化、自由化，每一個學

生都可以根據自己的性向、興趣、能力……等條件,選擇適當的學習材料,以適當的方法,適當的進度,自己喜歡的時間、場所,作最適性的學習。因此,在多元入學方式、多元學習管道、多元學習風貌的期盼下,可預見的,校園內社團活動種類、頻率、參加人數,可能增加;學生透過自學或合作學習或小組讀書進行需要參閱許多資料的主題學習的機會大增;學生面對自由、多元的學風,上圖書館找資料或上網的可能,自將更多。這些特性和需求,也正是圖書館可以發揮功能的地方。

尤其,圖書館可以充分展現資訊使用的方便性,資訊服務的多元性,資訊內容、難易度的變通性和等差性,讓使用者享受開放時間限制的極小性,享受館內氣氛的舒適性,甚至於成立專櫃、專室、專館,提供資料的專業性、深入性,也可以考量服務人力的廣泛性、充沛性,提供專家諮詢解說的服務,提高服務品質,努力營造使圖書館成為豐富完全的資訊中心,學生喜歡來享受學習的自學中心,人人可以各取所需資訊的交換中心,甚至於成為現場討論或上網討論的言論中心,或人人喜歡的知性娛樂休閒中心……,真是不一而足。

此種圖書館多元豐富、深入有趣的專業性服務,將引導學生發現學習的樂趣,享受進步的成就和滿足的快感,體會學習的樂趣,認為讀書是喜事,願意親近書籍、喜歡讀書,

養成快樂學習的習慣。

## 結 語

　　總之，多元入學方案，無論實施於高中或大學，其所開發出多種不同入學管道，將有效地引導前一學習階段的學生，放心地依循自己的性向、興趣，選擇自己合適、喜歡的方式，充分開發並發展自己的優點和能力，求取入學的可能，這些因人而異的優點和能力之「試探」、「開發」、「培養」，圖書館將可以扮演積極重要的角色，這對圖書館從業人員將是一項新鮮的挑戰，令人興奮，也值得全力以赴。

## 參考資料

天下編輯（1994）：《前瞻台灣新教育》，台北市：天下雜誌。

羊憶蓉（1994）：《教育與國家發展—台灣經驗》，台北市：桂冠圖書公司。

瞿海源（1994）：評論台灣教育問題，《全國民間教育改革會議論文》。

丁亞雯等（民 85）：《台北區高中多元入學方案研究報告》，台北市政府教育局委託。

蕭昭君譯（1997）：《全是贏家的學校》，台北市：天下文化出版公司。

林明美（民86）；圖書館與教改，高中圖書館，十八期，教育部中教司。

張宏輝（1997）：大轉換時期的教育改革，文收於林本炫編《教育改革的民間觀點》書中，業強出版社出版。

　　本文原載於《高中圖書館》，第22期，教育部中教司編印。

# 民主、自由和紀律

　　生活在二十一世紀前夕的複雜社會中，我們的一言一行，一舉一動，幾乎都離不開一些律則、規範的約束和引導。不要說每天上學要接受一些校規、班規的約束，過個十字路口，也須透過紅綠燈的指揮，才能行的順暢；就連回到家裡頭，也依然無法免除家規或父母兄長若干或大或小的指揮和要求。這些律則、規範，讓我們生活得有秩序，也讓我們和別人以及團體間保持開闊的互動，塑造出良好的人際關係。這種情形，就好比是地表的河川、溝渠，或人造的輸水管道一樣，不但可以規範引導水流，更能使水順暢流向該去的地方或是我們期望的所在。如果，有水流而無河川溝渠或輸水管道，水會漫流、亂流，不是氾濫成災，就是泛泛沒入地層，不能為人利用，發揮不了水的真正功能。對人而言，水之為水，也就失掉了意義。

　　這些律則、規範，真的那麼重要嗎？

　　我們打個比方：如果，想學柔道，是不是就必須先完全接受柔道那一套律則規範，包括服裝、姿勢、招式、動作、精神……等之，然後，依式練習，才能學的好，學得精，才可以在柔道那一套招式規矩內揮灑自如。離開了那一套招式，或者，學不成，用出來的就不是柔道了，所謂不以規矩不成方圓就是這個道理。民主也是一樣，民主有民主的律則規策，有民主的運作架構、運作規矩，基本上，指受了民主那套律則——法律、典章、制度、運作架構、運作規矩……等等，也須同時加以運作，社會才會有民主的模樣，如果，成員不接受，每一個人只求自己隨意揮灑，那麼，表現出來的當然就不是大家共識中的民主了。

　　因此，人類活動、行動所設計出來用為遵循的律則、規範，表面上，好像是一種約束，實際上，卻能使每一個人的活動、行為順暢無阻，表現出自由、活絡和順暢的形貌，這才是真正的民主和自由。如果，沒有律則、規範作為活動、行為的指針和依據，表面上，好像是人人無所約束，實際上，一旦人人動了起來，就會像紅綠燈失靈時台北市街一樣——車輛橫七豎八，動彈不得，這樣才是真正的不民主，不自由啊！

　　沒有律則、規範真的不行嗎？

　　數十年前，大陸上有位省主席巡視某校，他看到十個學生正在球場上搶奪一個籃球，大為不悅，當場責備校長說：

「我撥給你那麼多的經費哪裡去了，怎麼還讓十個學生搶一個球玩，看他們汗流夾背、爭得面紅耳赤，多令人難過！一個人給一個球，不就沒事嗎？」。當然，一個人一個球，單打獨鬥，像「魯濱遜」一樣，悠哉打球，不是不可以，只是，那多沒意思。打籃球，當然要有一群人鬥一鬥，拚一拚才算數才過癮啊！這一鬥、一拚，自然可以表現個人的體力、智力、拚勁和籃功。但是，活動過程如果缺少大家共同了解，也願意共同遵守遊戲規則，那麼，這種遊戲就沒法子玩下去。在同一遊戲規則之下，每一個人都可以自由自主的發揮耍球的籃功神技，這是籃球上的民主，所以民主本就隱含著，看清楚明確的規範，以及快樂自然地遵守這些規範。沒有規則，或有規則而不予遵守，球當然是玩不下去，所謂民主一定隱含法治，而法治也必須民主才成。可見，人基本上願意在活動中添加設計一些規則來引導產生更大的活動樂趣或活動效果，這些不同活動的不同規則的累積就是法治社會中所依循的法律、典章、制度。

　　總之，民主法治是一種態度、一種素養，也是一種習慣，民主法治像是車輛上的兩個輪子，鳥的二隻翅膀，永遠不能分離、也不可分離。民主法治社會，所要求於老百姓的民主的態度，是守法的精神，兩者不可缺一。根據學者研究指出，男生比女生表現較民主的態度，女生比男生表現出較守法的態度，是一個有趣的現象，也是一個值得深思的問

題。當「你」負責策畫的一個活動時,「你」是多麼渴望大家遵照「你」所策畫的規則來活動。將心比心,當別人負責設計主導活動時,我們是否也應該同樣以民主的態度尊重別人,以守法的態度來尊重、遵守別人所設計的遊戲規則呢?我們希望大家能從設計的活動中體會民主情境下法治的必要和重要,從而養成守法的習慣,再把這種習慣帶入日常生活之中,則我們社會生活就會更美好,整個社會也會更和諧,更歡樂有序,這些民主態度、守法習慣的養成,應該提早自家中和學校開始,你能夠嗎?

本文原載於《松商雙月刊》,第 278 期,民 84 年 4 月 20 日。

第二篇

開放教育

# 開放教育尋思

　　哈佛大學加德納（Howard Gardner）教授認為，人類可以透過語言、數理邏輯分析、空間表徵、音樂思維、動作技能、對他人的了解，以及對自己的理解等七種途徑來認識外在的世界。如就認知心理角度來說，不同學生擁有不同的心智能力，表現不同的心智現象，各運用不同的學習條件，各以不同的方式、速度來學習、記憶、思考和理解，從而表現不同的學習結果。比如，有些人擅長利用語言的形式來學習，有些人偏好利用邏輯分析方式來學習，有些人可能兼具兩種以上的學習方式，真是不一而足。

　　開放教育便是基於不同人具有不同學習組型的考慮，希望教學相關要素中，包括教學目標、教材、教法、教學歷程、評量及其結果之期許，教學場所、教學時數，乃至教學者、學習者在價值、態度、觀念、行為、方法上，表現出鬆綁、開放、多元、彈性、廣角、立體、包容之調整與實踐，

求能充分協助各種不同學習組型的學習者獲得最大的學習效益。

因此，教學不再像開火車一樣，必須在固定的軌道上單一方向的行進，司機根本沒有調整方向的自由；比較像開汽車，雖然有車道，路徑不是那麼呆板固定；也期望像輪船、飛機，雖有航道、航向，但游移的幅度很大；更期望像游泳、溜冰、舞蹈，只要在池中，就可以完全自由自在的揮灑游動。台北市的田園教學便具有這樣的精神。

教育改革、開放教育，談鬆綁、說開放，就是希望能從「火車式教育」轉為「航空式」、「航海式」、「溜冰式」或「游泳式」、「舞蹈式」的教學，讓教、學雙方擁有最大的自主性，其自主的程度有如同一首曲子，在同一場地，由同一舞者作兩次表演，其滑行路徑，舞姿之舉手投足，都不會也不可能完全一樣。力求揚棄單一，步入多元，就容許大家擁有類似的空間，兩校兩班或兩師間都免求一致。當然，教育是有目的的活動，要依循教育本質以及讓學習者獲得最大的學習利益才能適應未來社會的需要。比如，容許不同的學生用不同的方法、不同的速度、不同的考評標準，不必統一進度、統一考試，可以分段學習、分段測驗、重複測驗，不重得分，書本不是唯一學習依據，多導入活動和操作，全心引導學生學會，老師以此為準，大膽用心，大步前進，邁向開放，當有可喜的結果。

# 開放教育—起步走

　　隨著社會之變遷、民主化腳步之加速，整個社會有明顯自由化、多元化的趨勢，真是百業具興、百家爭鳴，前途一片大好，唯獨教育活動的走向似乎有日趨狹隘之勢，最令人費解的莫如隱約存在分數等於學習，文憑等於教育的現象，離開分數文憑，好像就少為學生、家長所關心了。

　　歪風所至，怪象頻生：比如前一陣子，某大學研究所一位經常考第二名的學生，竟然長期下藥給第一名的同學，讓他拉肚子，使他心神不寧，考試考不好。本來，讀研究所已經難得，再能考第二名，更是不易，只要全力以赴，前途必然光明，何來下藥害人之思呢？有位名校學生，在某次考試前，有幾個不會解答的數學題目，請教了同班幾位高手，大家都說不會，等到真的考出來了，原來推說不會的同學，都會作答，就只有原來請問人家的同學真的不會，這種害怕別人比我好的心態，令人遺憾、痛心！我們的校園如果落入這

種「你死我活」、「把別人踩在腳下」、「只要分數不要友誼」的惡質化競爭，那真是病得不輕，病得可怕了。

開放教育之所以受到有識之士的重視，多少是受到這些令人痛心的教育現象之衝擊所致，我們亟須痛定思痛，認真思考教育的目標。否則，缺少正確的目標，模糊了教育活動的努力方向，所有活動就有白努力的可能。

要之，開放教育所追求的只是回歸教育的本質，也就是教育的本所應然，做到個別差異，實施因材施教，開發個體潛能，發展學生根性，希望本乎「教會、學會」的原則來幫助不同學習能力的學生做好學習活動，做個快樂的學習者；進而幫助學生養成自學的能力和習慣，成為一個終生的學習者，充分做到「學習的目的是要發掘自己的潛能」、「行動的目的是要有意義的發揮潛能」、「教導的目的是鼓勵學生善用自己的潛能」的地步，至於分數、文憑只是學習過程中的極小部分而已。

因此，開放教育其實只是希望回到教育的務實面、理性面，照顧每一個不同特質的孩子，引導他們依著自己的根性來學習成長，不再追求一致性，不再是只要分數文憑的教育，就像種大豆、花生、玉米一樣，不同的作物，各有其適合的土質、肥料、水分、栽植時機、生長日數……，種植時，必須各有不同的的因應，才能長出各自不同的豐碩果實。如果，不作此圖，不管大豆花生玉米，都用大豆的方法

來種植，則大豆固然可以長出像樣的大豆，花生玉米恐怕就徒有枝葉而長不出像樣的花生和玉米了。因此，教育必須鬆綁、開放，破除一體性、一致性，回歸其多元差異的本然，針對個別差異來運作、施教，才會有合理的結果。否則，就好比是對著一組容積相近、開口大小各有不同的瓶子用一大桶水由上一次瞬間倒下，大開口的瓶子已經接滿，小開口的瓶子只能接到一點點，卻要一次來評比這些瓶子的容水量，是多麼地不合理啊！

　　細思教育的真正目的，衡量當前教學的過程，開放教育的實施是必要的、迫切的。這一項教育活動，在許多同仁努力下，開放教育之旅已完成整備。也許您坐的是輪船、飛機或高速汽車，甚至於騎腳踏車；您也許裝備很多，您也許輕裝簡騎，都沒關係。開放教育重要的是價值觀的調整、學習過程和方法的轉變、學習氣氛的形塑……，行動比口說重要，讓我們說：開放教育——起步走！

　　本文原載於《台北教育通訊》，第 13 期，民 85 年 7 月 15 日。

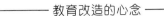

# 開放教育的運思途徑
## ——考察日本開放教育愚得

## 一、前言

　　當前教育，在政策引導及教育同仁的努力下，產生許多傲人的成就。尤其，台灣成為亞洲四小龍之一，教育厥功至偉，只是，無可否認，在經濟發展掛帥，萬事以文憑為先的衝擊下，社會價值、生活品質無法跟得上經濟發展的腳步，成為隱憂之一。這當中，分數第一、文憑至上，所造成同儕間的惡性競爭，以及為了所謂公平考試，所造成的學習零碎、片段，甚至於脫離現實生活與經驗，養成一些善於競爭、吝於合作、對人不知感激、對事不認真、對物不珍惜的新新人類；同時，學習者無法在童年享受學習的快樂，不但失去學習的本義，間接也造成社會許多偏差的現象，教育改革的呼聲因此日益高漲，開放教育則屬教改聲中重要的子項。

## 二、訪察經過

　　日本國情與我國相近，升學競爭同樣激烈，國民對教育改革的要求同樣迫切，早於一九七八年，緒川學校展現開放教育的新貌，令人印象深刻。按日本上智大學加藤教授的說明，日本兩萬五千所小學中，約有三千所實施開放教育，效果顯著，值得我們借鏡。民國八十四年，台北市政府教育局吳局長曾陪同民意代表、文教記者赴日考察開放教育的實施情形；回台北後，媒體對日本開放教育曾作了一系列的深度報導，部分教育同仁更組成開放教育研究會，定期研究開放教育相關問題。教育局一方面將籌備中的健康、永安、新生三所小學規畫為開放教育學校，從空間配置上著手處理，一方面積極展開開放教育的座談、說明，希望拓展開放教育的成效；八十五年暑假更組團前往兵庫縣參加日本全國個性化教育連盟第十二回全國研修會，並順道參觀京都的洛央、高倉、御所南，兵庫縣的合橋、高橋、弘道，以及大阪的開平小學，參訪同仁用心投入、認真考察、對日本實施開放教育的情形，留下深刻印象，真是收穫良多、不虛此行。

## 三、日本開放教育大要

　　作者試將參觀的七所小學實施開放教育的情形，分成開

放空間、開放課程、開放活動、開放理念等四部分作簡單的
說明：

## ㈠開放空間

　　日本傳統學校的建築配置和台灣一樣，大致上採線形排
列，教室相連，卻又各自獨立，走廊連通，卻又形同室外空
間的一部分，學習效用不大。整體而言，室內空間小，室外
空間大，室內僅能容下課桌椅而已。日本乃配合住商分離，
都市更新，諸多學校減班的現象，進行學校合併整建；再配
合社區整體營造，規畫興建所謂開放空間的學校。相對於傳
統學校，教室由線形改為塊狀或區集聯合狀，大致上，以一
個年級為一塊狀或一區集，將走廊加大並聯合置入室內，如
此，就同一年級而言，除原有教室空間以外，更享有了合在
一起的走廊空間，班與班之間不一定有牆，上課時，可以看
到別班上課的情形。由於室內空間加大，教室區內的配備更
為豐富，舉凡洗手台、圖書、電腦、起居間、遊戲角、沙
發、栽植角……也都出現了。由於全採脫鞋入室的方式，加
上刻意的規畫配置，形成了濃厚的「家居式（home spa-
ce）」的味道，具有高度的親和力和人性化的感覺。

## ㈡開放課程

　　參訪的幾所學校，為顧及學生基本能力，在國語、算術

等學科上仍實施學科教學，在社會科、生活方面，則形成彈性極大的自主空間，進行所謂的主題學習、總合學習。師生可以共同商定合適的主題，實施綜合性的調查、參觀、討論，往往以學校做基點，逐步往外擴充參訪學習，尤其重視體驗、操作的學習，來加深加廣學習的印象和效果。比如參觀豆皮工場，回校後，就學習做豆皮，學生可以從實際操作中去體驗和學習，有效地建構知識、技能和情意的態度和方法，不但學得有趣，而且學得廣泛和深入、牢靠，是一種相當務實的學習方式。此種跳脫教科書，不以教科書為學習唯一依據的做法，是開放課程的重要理念，是使學習目標和生活目標緊密結合的重要途徑。

## ㈢開放活動

生活即教育、教育即生活，頗能說明教育務實的目標和方向，尤其小學的教學特別要著重活動和體驗的部分，所以開放性的活動設計提供日本學生更為彈性、多元、活潑的學習途徑，比如社區內歷史文物、古蹟和民俗活動等，都可以是開放活動設計之重點，這些活動之策畫學習對形塑學童愛鄉愛校情操有極大之幫助。

## ㈣開放理念

缺少開放理念，很難有開放的教育作為，日本教育界有

識之士乃成立個性化教育聯盟，透過各種研習進修方式宣揚個性化的開放教育理念，促進新教育的發展，開放教育理念的開展、傳播，的確是開放教育規畫的重要著力點，是推展開放教育不可忽略的一環。

## 四、開放教育的運思途徑

### (一)學習是生活的自然體驗與知識能力的自然建構

　　人自呱呱墜地，就開始學習各種生活技能，如呼吸、攝食、動作，乃至語言等。此一階段，父母兄長總是本乎自然，各適其量、各適其速，不加催促，很有耐心地重複指導、陪伴幼兒學習，幼兒幾乎沒有學習困難，是以幼兒為中心最適性最自然的學習階段。只是進入學齡以後，父母或老師便忽略了幼兒階段所享有的幼兒中心特質，改以成人的角度進行「餵食式」、不管個性差異如何的等量等速學習，這是導致學童學習挫折、障礙的關鍵因素。哈佛大學加德納教授在《超越教化的心靈》一書中指出學童學習模式與幼兒學習模式嚴重脫節的現象，是學習挫敗的主因，值得我們重視。開放教育活動中的教育方式，就是要回歸原始、自然的學習方式和品質，採個性化教學，針對每一學習個體，適如其性、適如其量、適如其速，適如其需的方式來進行；比如

幼兒爬行，有些八個月時學會，有些九個月，有些可能十個月才會，父母並不覺得有什麼不對；但是學習國語、算術時，卻忽略了個別性的差異，反而要求等量、等速學習，以至於造成許多學童的挫折，難怪會有消化不良、放棄學習的情形了。這是開放教育、個性化學習所要診治的，也是日本小學實施個性化教學最關鍵的思考途徑，的確也值得我們細思。

## ㈡事例概念化及其解讀與類化運用

我們聽聞許多個性化教學、開放教育的實施方法，這些和過去曾為國內許多同仁所運用的方法來比較，不能說是創新，就連個性教學的理念也不出孔夫子的個別差異與因材施教。而總合學習，實際上也和主題學習相近……，因此，作者覺得最好的方式是將參觀所得的事例加以概念化成一些簡單的原則，再將這些原則運用想像力、創造力加以解讀、類化和擴充運用，才能不受限於少數的例子，才不會有「拷貝」後模糊不清或「移植」後產生質變或「死株」的現象。尤其，日本有日本的文化背景，各校有各校的發展特色，每一個學生有每一個學生的特殊根性，因此，教師同仁宜先建立開放教育的價值觀，讓開放教育的個性化教學成為自己教學思想的一部分，然後運用自己豐富的想像力，針對班級、學生學習情境的個別需要，出乎自然地開發出合宜的教學力案——所謂運用之妙，存乎一心啊！

## ㈢教育目標省思、設定與落實

　　日本人做事踏實、目標清楚、態度堅定，加上講求方法，難怪戰敗仍然成為面積小的經濟大國，他們對教育的規畫也是一樣。由於時代變遷快速，知識半衰期日短、知識的定義不再只是知識本身，還包括發現知識、改造知識、發明知識、運用知識的能力、方法和應有的態度。他們也知覺到這些能力、方法的培養，不是從「聽」、「聞」可以得來，社會的禍福進步，也絕對不能光靠少數精英，人力品質必須是人人皆是才行，尤其要避免某些人因教育欠佳而成為社會負擔的現象。所以實施個性化教學，希望從每一個人之所能開始去刺激引導，並提供充分的個別化學習機會，讓每一個人學得適性、學得快樂，也能學到他的最大可能。更要讓學生透過操作、體驗，透過知識形成的過程，以總合、統整的方式，讓學習者自然建構生活的知能。成年人希望未來社會是什麼樣的生活方式、什麼樣的生活品質，現在就要引導下一代做好模擬學習，以適應未來生活之所需，否則，現在學的，不是將來要用的，學習就失掉許多意義。這種教育目標之省思、設定與落實真是有必要，日本人要精選、嚴選其教學目標和內容是有道理的。

## ㈣人性化、親和、務實理念之融入與表現

　　國小學童，尤其是低年級學生，對家人的依賴性較大，

一旦離開自然舒適、在學習上毫無壓力的家庭，進入景觀、色調、面積、建物造型、格局、室內佈置……皆和家庭大異其趣的校園，就已容易緊張不安；加上接受幾乎是定時定量定速的學習安排，過著依鐘聲上下課的規律生活，就會更不習慣。如果教師的教學態度、教學方法令他生畏，更容易造成學習的挫折，甚或是造成厭學的情形。開放教育注重個性化學習，同時營造一個開放、自然、親切的人性化空間，尤其在格局、色調和布置上強調家屋式的感覺，從學童心性需求的務實角度來考量，從人性化親和度來思考配備，自有助於學童學習情緒的引發，而有助於學習效果之提昇。

## (五)教室空間規畫、組合、使用與管理

　　教室空間的規畫、組合、配置與內部的擺設管理，是形塑整個教學情境的重要關鍵。我們先塑造了教學情境，教學情境再來塑造學童的學習並引導其情緒之發展，教室或整個學校就是一個大教具，在開放空間的引導下，學生將以教室空間及其相關空間做為活動的重要或主要場所。就傳統教育而言，本就不忽略境教的重要，在開放教育的理念下，整個開放空間就是學生在校學習、遊戲、生活、交友和同學互動的地方，寬敞、舒適、色調親切柔和，擺設適當，器具取用方便，可以個別研修，可以小組研討，可以午餐可以休息。就整體而言，有家屋的味道，學生生活其間和家裡的感覺相

去不遠，容易消除新入環境的不安，甚至有喜歡置身其中的感覺，對低年級小朋友尤其有用，老師可善加運用。

## ㈥課程活動之規畫、設計與運作

　　課程為學生學習活動的全部，是開放教育實施成敗的關鍵，其規畫、設計必須明確把握教育目標。在日本所見各校，都各自有其教育目標，用辭簡單、立意明確，學生易於了解把握，合橋小學校長還把學校的目標懸掛在校長室校長舉目可及之處，有些班級也有自己的班級經營發展目標，相當務實。課程目標是學校活動設計的指導原則，希望學生活潑、可愛、敦厚、大方、端莊有禮、具有創造力，當然不可以只有知識的傳授，必也透過規畫、設計，轉化為課程活動，讓學生據以學習、體驗，學生自然就會向目標趨近，課程的規畫、設計一定要看到未來，不可以目光如豆，只看到分數和文憑了。

## ㈦教育專業理念之釋放與創意之激發

　　開放、鬆綁、多元是開放教育的特色，因此也需要教育專業理念來引導依循。在開放的引導下，所用的策略、方法亦不可一成不變，才不會失掉新鮮感，因此，運用創意，開發開放的學習策略是重要的工作項目。實際上，稱開放教育或個性化教育，只是思考方向不同而已；稱個性化教育，是

在實施個性化教育的過程中，運用開放的教育價值觀，設計開放的空間，實施開放的教育和學習活動，達成開放教育的效果；稱開放教育，是在教育實施上，以個性化、個別化的思考為基準，營造開放的空間，運用回歸教育本質的方法，幫助每一個學習個體發展自己的潛能。兩者所需要的都是教育專業理念的引導，也唯有如此，才不致產生偏頗或扭曲的現象。

## ㈧整體實施步驟之策畫與推行

關乎開放教育的變項很多，舉凡校長、主任、教師、家長、學生，乃至社會人士的價值觀、共識的程度、運作的過程，都要加以注意。因此，實施時，宜有周延的規畫和詳細的步驟，在大原則的指導下，師生都可以有權變的彈性空間。凡事豫則立，正是形成整體方案的道理，執事者最宜把開放教育的理念、策略，以及整體的做法，乃至發展的限制，透過適當的方式述說清楚，讓相關的師生、家長真正了解，才能共同發揮其優點，避免可能的缺點，使開放教育得到最有利、有效的發展。

## 五、結語

總而言之，開放教育的確是當前相當引人注目的教育改革方式之一。大家期盼教育應該鬆綁、開放、多元，他山之

石可以攻錯，日本以個性化教育作為推動教改之訴求，透過學校合併、改建新建之便，重新擴大，調整室內教學空間，並據以形成開放式的教學空間，實施人性化、親和性的家屋式布置，縮短家庭、學校情境感覺的差距，引導小朋友安心學習、喜歡學習。同時運用主題式、總合式的活動設計，引導學生體驗學習，增加了學生學習的深度和廣度。尤其注重個性化、個別化的學習模式，引導不同的學習者用自己的方式開發自己的潛能，達到學習的目的，已經看到初步的教育成效。以台灣目前教改之急切，很難像日本一樣，等待校舍整體更新改建時，從空間上一次解決。因此，開放觀念的建立，開放課程的協同設計並共同使用，成為務實之急，「學習是生活的自然體驗與知識能力的自然建構」、「開放教育事例之概念化及其解讀與類化運用」、「教育目標之省思、設定與落實」、「人性化、親和、務實理念之融入與表現」、「教室空間規畫、組合、使用與管理」、「課程活動之規畫、設計與運作」、「教育專業理念之釋放與創意之激發」、「整體實施步驟之策畫與推行」等或有參考價值，硬體有其重要性，軟體的靈活開發、運用，價值觀念的建立，似乎更能成為致勝的保證。

　　本文原載於開放教育經驗之旅──東瀛紀實。《台北市教師研習中心研習叢書（九十四）》。

# 24 平常心看北市的開放教育

　　行政院教育改革審議委員會在第一期教育諮議報告書中指出：為實踐現代化教育目標，政府應該放鬆教育方面不必要的管制。所謂放鬆管制，也就是時下大家所了解的鬆綁，從此以後，有關教育的諸多措施，應該「鬆綁」、「鬆鬆地綁」、「鬆所該鬆，綁所該綁」、「什麼該鬆、什麼該綁」、「該有多鬆、該綁多緊」，便受到廣泛的關注。而「教育改革」、「教育鬆綁」、「教育開放」、「教育多元」以及「開放教育」也一時成為熱門話題，對一向受到關注，卻又討論不多，辯證不夠精進的教育問題，的確是一個重整、改革的良機。

　　台北市國民小學的教育發展，在這一波教育改革之前，就已推動了田園教學、幼小銜接和教學評量改進三大活動。衡諸三大活動之目的，無非希望透過專案計畫，容易有效推展的策略，使國民小學的教育更為活潑、自然，更能適應學

生個別差異的需要，有助於引導學生形成樂於學習、喜歡自己、喜歡同學、喜歡學校的情懷，進一步養成學習興趣與習慣，而有助於終生的永續學習。仔細探討實施過程及初步結果，因實施專案所引發的問題，固然有之，不過，這些方案的執行，也的確產生了顯著的正面效果，頗有可以擴大實施的態勢。

民國八十五年初，因應舉國教育鬆綁、教育改革的熱潮，評估三大方案的本質、實施目標與實施情形，很可以就三方案的實施理念、實施目標，乃至實施策略加以簡化、統整、釐清，期能減輕實施時之心理疑惑和實質負擔，化解不必要的誤解與阻力，進一步形成共同願景，早日調整國民小學的整體學習情境，使小學生能夠快樂學習，有效學習。

因此，我們在原有方案的基礎上，融入了教育改革中鬆綁、開放、多元、廣角、立體、包容的理念和精神，形成了「回歸教育本質、實施開放教育」的基本觀點，以回歸教育本質來整合已經存在許多學校學習角落、合乎教育專業與開放教育理念的作法，公開向教育同仁說明，希望大家了解、思考、討論，並尋求接納、認同與推行。

## 一、開放教育是什麼

開放教育是什麼？不同學者專家，不同學校或不同教育

同仁，恐怕都有不同的看法。作者認為：開放教育是指相關教學要素中，包括教學目標、教材、教法、教學歷程、評量及其結果、教學場所、教學時數，及至教學者、學習者在態度、觀念、行為、方法以及教學結果之期望上表現出鬆綁、開放、多元、彈性、廣角、立體、包容的調整與實踐，使各種不同學習組型的學習者，能獲得最大的學習效益。亦即讓孩子都有時間、有機會、有可能，用自己的方式、用自己的速度來學習，並發揮自己的潛能，獲得自我實現的理想。因此，在開放理念的指引下，老師可以依據專業和狀況需要，作專業的決定，比如：有關天文的單元，也許晚上才是最佳上課時間，何妨調整到晚上來上課；小朋友內急，不必強忍到下課，舉個手，就可以前往如廁，不但自然而有人性，相對的，沒有下課排隊上廁所的壓力。同樣的，自然課正上得興高采烈，下一節又是老師自己的課，何妨續上自然；小朋友學習方式、速度有不同，對緩慢的學生，就可以容許他分段學習、分段測驗、重複學習、重複測驗，直到學會為止；某單元之評量，作報告比紙筆測驗要切實，那就改用報告；上到污水處理，何妨走向污水處理廠去；上算術課，上到一半，眼看學生都快睡著了，何妨改上音樂，唱幾首歌，或做個簡短的遊戲……，這些都是唾手可得、垂手可做的小例子。當然，這樣的調整不等於是開放教育的全部，我們還可以進一步開發統整性、系統性的開放教育的實施策略，不

過，登高必自卑，我們可以先如此開始，把開放教育的氣氛
形塑出來，然後由點而線、由線而面，再推廣至全體，就更
有利於整體開放教育的實施了。

## 二、回歸教育本質

回歸教育本質，尋回整體失落的教育多元大道，重回教
育本所應然，語意固然清晰，然則，教育本質又是什麼？本
文嘗試提出幾個具體的想法：

　　1.快樂學習。

　　2.老師教會學生，學生真的學會。

　　3.教學能因應學生個別間與個別內的差異。

　　4.教學能因材施教、因材施測，做到個別化、個性化的
教學。

　　5.教學能透過統整的學習，引發學生學習興趣、啓發學
習潛能，養成獨立、主動、持續的學習動力與習慣。

　　一般而言，目前學校教學，似乎尚未能周延考量到這些
教育本質，是造成教育偏差、學習缺乏效能的主因之一。哈
佛大學教授加德納（Howard Gardner）在《超越教化的心
靈》第一章學習之謎中提到，即使學校在表面上看起來辦得
很成功，即使學生的表現能達到學校所設計的目標，學校仍
然沒有達成其最重要的使命。李遠哲先生也曾經說過，我們

的教育似乎只顧到前面百分之二十左右的學生，其餘的學生總在有意無意之間被忽略了。加德納指出，有些研究發現，即使訓練有素、表現很好的學生，通常也沒有充分理解他們研習的課業內容。如以加德納的看法，人類透過語言、數理邏輯分析、空間表徵、音樂思維、動作技能、對他人的了解、對自己的理解等七種途徑來學習，就認知心理的角度來說，不同學生擁有不同的心智能力，表現不同的心智現象，各運用不同的學習條件，各以不同的方式、速度來學習。然而，相對於我們的教育過程，由於忽略個別差異，大行一體性的教學、評量，無形中就會造成許多學生在學習上的水土不服和適應不良，而造成挫折、遺珠和浪費，實在值得檢討。

　　陳伯璋、盧美貴（民國84）認為六十年代由於反智主義盛行，對學生自發性、好奇心與創造力的發展反而產生不利的影響。同時更壓抑了學生的學習興趣，貶抑其人格、自尊與價值。我國教育的發展深受升學主義的不利影響，過度強調認知而忽略情意的教育，以權威為導向，而無法使學習者自發自立。這種忽略學生個別差異，致力於一致性的教育，就好比是對著一組容積相近，但開口大小各有不同的瓶子，用一桶水由上瞬間倒下，大開口的瓶子，可能一次接滿，小開口的瓶子，則只能接到一點點水而已。如果以一次倒水來評比這些瓶子的容水量，當然不合理。如果，教學也是如

此，不管學生學習速度、單位時間的學習能量，教一遍就算了，那麼學生的學習效果自然就差了。進一步說，教育是百年樹人的工作，如果把不同的學生特質比喻成大豆、花生、玉米……，是則不同的作物，各有其適合的土質、肥料、水份、栽植時機、生長日數……，種植時，自必須各有不同之因應，才能長出各自不同的豐碩果實來。如果，不此之圖，不管大豆、花生、玉米，用大豆的方法來種植，則大豆固然可以長出像樣的大豆，花生和玉米恐怕就徒有枝葉而長不出像樣的花生和玉米了。因此，教育必須開放，必須破除一體性、一致性，回歸教育之本質，針對個別差異來運作、施教，才會有理想的結果，當屬本然應然了。

　　台北市國民小學的開放教育就是基於前述的考量，希望能以開放的態度、開放的心胸，在教材、教法、教學速度、評量方式上，容許個別化、個性化的教學，好讓每一個學子都能「接滿水」來。

## 三、開放教育的省思

　　依本文前述，既然強調開放教育是回歸教育本質，老師教學時，只要依循教育專業、教育理念的指引，就可以完全自由地做專業的決定，表現出專業的教育行為，此種教育專業的認知、專業行為的運行，並非始於今日，更非始於開放

教育實施之後，因此，實施開放教育有三個尚待釐清的觀念：

## ㈠開放教育不是時代新生的觀念

　　開放教育強調回歸教育本質，強調個別差異、因材施教、因材評量，希望培養學生主動學習的興趣與能力，進一步開發學生的潛能。這些理念與作為並非今日才有，只是長久以來，由於主智盛行，文憑抬頭，整體教育運作偏離正常大道，開放教育其實只是提醒教育同仁，開放眼光，找回失落之專業而周延的作法而已。

## ㈡開放教育不是實驗

　　實施開放教育，不是進行教育實驗，理由一如前述，我們強調的是回歸教育本質，回歸教育所應然，我們實施的是本已有之的個別化教學、個性化教學——是大豆，就用種大豆的方法來種植，是花生就用種花生的方法來栽植，使大豆長得像大豆、花生長得像花生；是大開口的瓶子，可以一次傾盆而下來裝水，是細口瓶子，就需花時間以細流慢慢注入——針對學生的不同個別學習特質來選擇比較合適的學習方式，自然可以獲得較佳的學習效果。因此，開放教育只是根據學生個別化、個性化的學習需要，尋求適性的方式、實施適性的教學、獲得適性的結果，開放的情形，很像原來偏

食的孩子，不再偏食，另行尋求多元而均衡，真正有益健康
的攝食方法，因此，當然不是教育實驗，自己不必有白老鼠
的疑慮。

## ㈢實施開放教育不一定要有額外經費

實施開放教育，不一定要有額外經費，比如：可以免除
鐘聲時免去鐘聲，運用口頭報告或書面報告來取代紙筆測
驗，修改不合時宜的校規，讓學生享有更寬廣的校園生活空
間，運用校外合適的學習空間……等等。當然，也可以透過
預算來做更大更有系統的開放教學，像原有建築配合校園更
新作開放的調整，新規畫的學校，比如台北市的健康、永
安、新生三所國小之籌辦，就可以完全配合開放教育的理念
來進行。總之，學校或老師可以根據學校的條件、親師生的
期望以及自己的專業規畫，選擇開放的項目及其深度、廣
度，這些項目可以多、可以少，深度上可深可淺，其實施的
過程即具有開放性。

## 結 語

綜上所述，我們以回歸教育本質作為理想中開放教育的
實施指引，基本上，只是提醒大家把時代的變遷所導致的教
學偏失情形，調整回來而已。只要調適了價值觀，作法便會

產生，不管運用什麼方法，都以「教育專業」、「使學習者獲得最大學習利益」為指導原則，讓每一個孩子都能用自己的方式，用自己舒服的步幅，快樂的學習；也讓每個孩子有機會發揮自己的潛能，邁向自我實現。能如此，庶幾可以說「天生我材必有用」、「天無枉生之材」了。這就是開放教育，就是回歸了教育的本質。

　　本文原載於台灣教育，第 548 期，p.9～11，民 85 年 8 月。

# 回歸教育本質，實施開放教育

## 一、楔子

「瞎子」、「聾子」、「歪頭」三個人看完戲，談論演出情形：

瞎子：「今天的戲演的不怎麼樣，但唱工很好。」

聾子：「不！應該是演的好，唱工不怎麼樣」。

兩人爭論不休，最後歪頭也有不同的意見。

歪頭：「哪裡，我覺得演得好，唱的也好，只可惜舞台歪了一旁」。

可見，一個人很容易就自己的立場看問題，此種單一角度的審視，常常看不到問題的全貌，感知到的只是片面的了解而已。應該跳脫己見，分從微觀、鉅觀再加上統觀的角度來感知和思考，兼採開放多元、廣角、立體來觀望，視野才

會周延，教育問題的審視處理也不例外。

　　時人對當今教育多所詬病，紛紛提出教改建議，「教育鬆綁」、「開放教育」不但應運而生，且成為耳熟能詳的名詞，本文希望從眾說紛云中整理出若干基本想法，向大家請教。

## 二、開放教育是什麼

　　開放教育是指教學相關要素中，包活教學目標、教材、教法、教學歷程、評量及其結果、教學場所、教學時數，乃至教學者、學習者在態度、觀念、行為、方法，以及教學結果之期望上，表現出鬆綁、開放、多元、彈性、廣角、立體、包容之調整與實踐，求能充分協助各種不同學習組型的學習者獲得最大的學習效益做法。在這種理念的指引下，教師在教學上所表現的，不再像開火車一樣，必須在固定的軌道上，單一方向的行進，司機根本沒有自由調整的空間，而比較像開汽車，雖然有車道，但路徑不是那麼呆板、固定，更期望像輪船、飛機，雖然有航道、航向，但游移的幅度相當寬廣；也期望像游泳、溜冰或舞蹈，只要人在池中，就可以完全自由自在揮灑、游動，自由度就更為寬廣了。

　　教育改革中的鬆綁和開放，就是希望能從「火車式教育」轉為「航空式」、「航海式」、「溜冰式」、「游泳

式」或「舞蹈式」的教學，讓教、學雙方擁有最大的自主性，其自主的程度如同一首曲子，在同一場地，由同一舞者作兩次表演，其滑行路徑，舞姿之舉手投足，都不會也不可能完全一樣，力求揚棄單一，步入多元，容許大家擁有類似的空間，兩校兩班或兩師間都免求一致。當然，教育是有目的的活動，要依循教育本質及讓學習者獲得最大的學習利益，才能適應未來社會的需要，比如：容許不同的學生利用不同的方法、不同的速度、不同的考評標準，不必統一進度、統一考試，可以分段學習、分段測驗、重複測驗，不重得分、書本不是唯一學習依據，多導入活動、操作和生活體驗，老師用心教會，學生用功學會，老師以此為準，大膽用心，大步前進，邁向開放，一定會有可喜的結果。

## 三、實施開放教育的步驟

　　對於開放教育的期待，本文構思開放的步驟是「鬆綁」、「開放」、「多元」，再以「回歸教育本質」作為開放多元後指引教學活動的規準。此一規準富含許多教育理念，看似模糊，在運作上則脈絡清晰可見，就如溜冰池中的可滑行路徑看似模糊，而舞者所行路徑則清晰明確，走什麼路徑是舞者追求力、美、柔之本質後，隨著音樂節奏自然、自由地決定和自我意志的表現，開放教育理當如是，留給老

師寬廣的自由、專業空間。茲說明如下：

## (一)鬆綁

　　所謂鬆綁，就是要能解除教育制度上、運作上一切不合理的約束，該鬆則鬆，該綁則綁，同時要顧及鬆緊度。原則上可以作零基思考，也可以從舊規章制度中精擇修訂保留，要做的當然是相當麻煩的「破」和「立」的功夫，希望從火車式教育中跳脫出來，不再只依循單一方向、單一軌道前進，而謀求更豐富寬廣的教育路徑。

## (二)開放

　　破除不必要、不適當的束縛，獲得鬆綁，擴大視野，轉型開放，仍然可以穩坐「火車」，更可以根據意願、實際需要，選搭「汽車」、「輪船」、「飛機」，或更具彈性的「游泳」、「溜冰」，這是束縛的鬆脫，空間的開朗，眼前開闊一片。

## (三)多元

　　開放不可茫然，「破」後必須再「立」，因此，開放後要求取多元，多元是規準的重建，是合理性的開發。教育畢竟是一種深具目的性的活動，教、學雙方思索是多元、廣角，是立體、是微觀、鉅觀更求統觀的綜合。

## ㈣回歸教育本質

帶著目的活動，將使活動更具效率，教育活動多元、廣角後，基於教學雙方時空的限制，以回歸教育本質做為活動選擇、取捨的指標，因此，回歸教育本質就如同建構游泳池、溜冰場地，形塑其情境路徑一樣，「池」、「場」是清晰的，池場中的情境、路徑就整體而言是開放模糊的，卻能於個人自由創造和選擇後，清晰有力地標示出來，回歸教育本質就可以引導教學雙方在開放多元中，獲得最佳的選擇，而邁向目標。

## 四、回歸教育本質的策略

教育改革，首先在於找回失落的教育本質，本文提出幾個思考的方向。

## ㈠釐清教育本質

由於社會價值的模糊以及惡性競爭後產生的偏差效應，多數人比較容易從分數、文憑或知識累積來觀望教育的結果，這種教育表象是當今令人困惑的偏智主義下的產物，自不足以代表教育的本質。實際上，專才通識的平衡，學養人格兼具，以及身心靈皆顧的全人教育，真正因應個別差異來

教會學生，是否更值得我們重視？誠如奈思比所言，二十一世紀最為可喜的突破，不是來自於科技，而是愈來愈多人體會到生而為人的意義。教育的本質應該從這一點來思考，因此，人性的啟發，價值判斷、創造以及因應變遷的能力，自我實現的能力之彰顯，或更能代表教育的功能和本質。

## ㈡重新確認教育目標

各個不同年齡層的教育到底要達成什麼目標？是「背多書」？是「考高分」？

教育的目標應該不是累積知識、考得高分，給予文憑或是傳輸用以背誦的資料，應該是給予學習者學習的動力，培養將知識轉換成駕馭與應用知識的能力。當然，知識、態度、技能、方法都是學習的指標，只是，當知識爆炸，知識半衰期日短，當學習者、教學者的學習時間固定而有限，就應該選擇常用、久用、大用和資本性的知能來學習，我們絕非輕忽知識的價值，但是，既然捕魚的方法比魚更重要，我們就該優先確認基本能力、關鍵能力以及方法的重要。

## ㈢掃除學習的障礙

這是鬆綁的重心了，諸如兼採行政監督、專業監督的教育法令，或呆板的成績考查辦法，重重的校規、僵化的紙筆測驗、統一教材、統一進度、考試主義、補習主義、排名主

義、偏重書本、斤斤計較分數、漠視個別差異、惡性競爭、升學考試領導教學等等，以及封閉的校園、封閉的教室、封閉的心靈……不一而足，都有待一一檢討解除，讓行政的歸行政、專業的歸專業，教學活動才能充滿活潑，重現生機。

## ㈣回歸教育本質

教育之目的是「養子使作之善」，在於引導作全人的發展，任何教育方略之選擇，應該以能否協助每一位學習者獲得最大的學習利益為最高指導原則。簡單來說，教育要參照每一個學段的教育目標以及每一學科的單元目標，運用各種方法達到「教會、學會」的效果，離此愈近，就愈是教育，去此愈遠，即愈不像教育。當然，這種「會」包括知識、技能、價值、態度、方法……，尤其是思考、批判、問題解決、人際關係、組織分析、合作、容忍、調適、因應變遷、創新、負責……等特質，都應分別輕重緩急並考量學生學習的節奏，讓學生可以學會。因此，在「教會、學會」的原則下，統一進度、統一考試，意義就不大，以單一紙筆測驗的分數來評斷學生的好壞，就更荒謬，分數的意義應重新賦予。教育要思考的是：該教該學的是否已經教會、學會了。因此，回歸教育本質將使教育呈現不同的面貌。

## ㈤落實教育理念

教育理念是源自於對教育本質和教育目標了解後，本乎「教會、學會」的原則，和考量教學狀況、進程後，隨機釋放出來，用以指導教學活動的具體想法，其可用者當然很多，限於篇幅，舉數例說明如下：

### 1. 因應個別差異

在教學是要教會學會的期許下，一遍學會是會，三遍學會也是會，就學習結果而言，一遍學會，三遍學會，其學會可視為一也！因此，可以同意學生重複學習、分段學習，重複測驗、分段測驗，此種容許學生因各人學習步幅不一而調整學習速度、測驗分量的措施，可以協助學生獲得成功的喜悅和進步的滿足感，可以減少挫折，在不放棄任何一位學習者——零拒絕的要求下，是很重要的作法。

### 2. 跳脫書本

習慣上，我們幾乎以教科書作為學習的唯一依據，不過，在開放多元的教育要求下，知識傳授、文憑取得，不再成為要務，思考訓練、方法建構、態度培養以及操作性、體驗性的活動益形重要。因此，跳脫書本，走出教室，導入活動，廣泛接觸學習，多樣學習的價值就會形成，跳脫書本來學習成為重要的教育理念。

### 3.揚棄分數

分數不是學習的目的，也不是學習的全部，計較分數缺乏正面的意義，我們要轉爲重視基本能力的培養和建構，才能真正成就一個學習者。

可用、適用的理念當然很多，有了這些理念，當然更要考慮到表現專業的行爲，再從多方面催化學生的學習權利，推動務實學習，引導學習，以表現多元的學習效果，逐步累積教學質量，形成學生的基本能力。

## 五、結語

總而言之，開放教育就是透過鬆綁、開放、多元、廣角、立體的方式、啓動「本已有之」的教育專業理念，形塑教育的活動「場」，引導教育活動，回歸教育本質，讓師生得以自由馳騁，發揮所能，不再只重視知識的堆積，不再斤斤計較分數，不再遵行統一進度、統一測驗。教科書不再是學習的唯一依據，大家可以根據個別化的學習需要，個人的學習組型、學習節奏、學習興趣，培養學生因應變遷、開創未來，以及全方位的學習能力，創造快樂學習，師生親都贏的學習結果。因此，田園教學、教學評量改進、幼小銜接、週末課程活動化、文化參觀、校園步道教學、鄉土教學、校外參觀、校外教學、去掉圍牆、打通走廊、免除鐘聲、學生

參與課程選擇與規範訂定、多元化的測驗評量……都是開放教育的範疇，都是我們可以運用的籌碼。只要教學中融入了開放教育的做法，我們的教育就具有開放教育的成分，融入的籌碼、策略越多，我們的教育就成為越開放的教育，我們不必擔心籌碼、策略引用、融入的多元、紛歧，我們要思索的是這些籌碼、策略是否經得住教育本質、教育理念的考驗，以及是否具有情境的適切性。畢竟，多元、分歧是開放必然的結果，也唯有如此，才能備足多元社會、多元價值、多元學生的學習需要。

有快樂的老師才有快樂的學生，有開放的老師才有開放的教育，走過從前，邁入現代，縱觀教育的演變，教育有如剛剛打開籠子的小鳥，真可以振翅一飛，只是有待主事者勇敢的走出來，或疾走奔跑、或引頸跳躍、或輕歌漫舞、或展翅而飛，大膽選擇合適的位元或行徑，用心、放心、大膽地做做看，一定可以一新教育的境界。

本文原載於《教師天地》，第 82 期，民 85 年 6 月。

第三篇

心的經營

# 26 輔導的另類思考

　　現代人的特徵是焦慮，後現代人的特徵是憂鬱，而台灣人既焦慮、鬱卒又漠然（曾志朗，民 86），連教育界也有不知所措的感覺。君不見，常態編班、能力編班在拉鋸，快樂和分數、文憑和學力難取捨，傳統上，為師解惑的功能似已模糊。

　　請看天下編輯（1997）所說，各國教改趨勢，由知識導向，走向手腦並用，學以致用的能力導向；由注意「教什麼」到「學到什麼」；由偏重學校學習，到強調終身學習，使學習和生活密切結合。李遠哲認為下一世紀，我們需要有創造力、肯追根究柢，有解決問題能力的人才，我們也需要有團隊精神，能不斷自我學習的人（天下編輯，1997）。

　　的確，這早已是一個知識爆炸的世界，更是一個腦力競爭、關鍵能力對決的世紀。知識的定義已經重寫，學習的內涵也已改變，世界競爭所需的「武器」也已不同，教育不等

於文憑，輔導不只在於讀書，教育是否可以依舊？輔導該當
用什麼行動來配合？

那麼，輔導是什麼？是「幫助孩子長成他最適合長成的
樣子」，是「幫助孩子找到自己的路」，是「幫助孩子快樂
學習」……。換言之，輔導是「是大豆，就讓它長成大豆；
是花生，就讓它長成花生」，千萬別因為，你喜歡花生，或
只認識花生，就把大豆當花生來栽植。

尤其，在多元智慧的指導下，在開放教育的期盼下，如
果一個孩子的數學真的不行，我們應該幫他找出其他的智慧
專長，例如音樂或空間智慧，來尋求補救開發，不是針對他
不行的智慧，再三練習。這樣的努力，多半只會增加學生的
挫折和無助，最後可能導致學生放棄學習（洪蘭，1997），
成為中輟的小孩，完全失去「教育的可能」，這是方向的迷
失，策略的失當。紐西蘭教育部長史密斯就說：「教育政策
錯誤，會埋沒一整代人」，教育輔導策略失當，也會埋沒許
多天才，讓他們不願走入知識的園地，造成人類的損失或浩
劫。

失之毫釐，謬以千里，方向錯了，努力就會打折扣；輔
導不一定只是「補其不足」，也可以是「揚其所長」。我們
要了解每位學生智慧項目的強弱，避開弱勢，走出無助，進
一步開發所長，尤其要以強補弱，然後，知所投注，就容易
快樂幸福。這是因為補其不足，常成平庸，開發所長，才是

較為理想，較為人性、務實的做法。

　　吳英璋（民 86）認為輔導和教學是一體兩面，輔導最普通的概念是幫助，因此，每一個擁有較多資訊源的大人，都可以幫助小孩，這是第一層的輔導。接下來，不是每一個大人都能做到，需要有經驗的老師，這是第二層的輔導。當孩子在功能上有欠缺，學習上有困難，行為上有偏差，就要由更專業的人員來接手，就是第三層輔導。可見，不同的個人在不同的事項，可以發揮不同份量的輔導功能，我們希望有更多的人適如其分的產生輔導功能。

　　因此，要統合各層輔導人力，投入輔導工作，提高輔導效果，輔導教師要調整角色，發揮專業和經營管理的功能，讓所有的人動起來，各依其所能，以孩子之所需來適配輔導。所謂一流的經營用組織，二流經營用幹部，三流經營苦自己，未來，我們要讓每一個人站在不同的層級，適如其分的發揮輔導功能，造就「無縫」的輔導網路。

　　過去，有意無意間形成了有問題、有困難的孩子，才需輔導的感覺，窄化輔導的功能，延後輔導的時機，實則，輔導粗分預防性、發展性、診療性、了解性四種，過去停在了解性、診療性的居多，前者如：測驗後資料束之高閣，評量從未善加解釋補救；後者如：意在偏差行為的矯正、輔導只在亡羊補牢，受輔反成心理負擔。今後宜加強預防性和發展性的輔導，開發學生智慧項目，以強濟弱，帶動良性發展加

廣輔導的功能。

常有人覺得，我們討論太多、爭論太久，而做得太少，理論太多，行動太少；碰到狀況，常見一味爭論，爭相批評，長久拿不定主意，以致無法落實。今後，我們形成無縫的輔導網路，讓相關的不同個人，在不同時機、不同層級，發揮不同性質、份量的功能。讓我們通曉些許理論，針對諸多不同輔導需求，開發許多理念，設計極多策略，配合無限熱情，展開立即的行動，人人從頭來過，開發切合實用的策略，用盡心思說服同仁，撼動家長，感動學生，讓每一個學生都找到快樂學習之路，過著快樂幸福的學習生活。

輔導孩子生活的能力、生活的智慧，也就是加德納（H. Gardner）所歸納的語言、數學邏輯、空間、肢體運作、音樂、人際和內省等七項。就實際運作來說，輔導和生活融合，輔導和教學相依，生活上需要什麼，就教學生什麼，輔導學生什麼；學生的資質適合做什麼，就教他、輔導他成為什麼，比如，生活需要溝通、思辨、組織能力，需要創造力，需要合作習慣、守秩序的習慣，我們就教他、輔導他，使他具備這些能力和習慣；學生是空間智慧型的人，就開發他的空間智慧，別再用教學型來讓他感到挫折無助。這也才合乎個別差異，合乎個性化教學輔導的需求。

總之，時代不同，教育需求也不一樣，輔導的作為也需要作大幅的調整，讓我們重新思考輔導的方向，廣納輔導的

人力，普及輔導的對象，展開有效的輔導行動，周延輔導的
內涵，真正做到個別化、個性化的輔導，使每位學生都能適
性快樂的學習、幸福的生活，人人願意留校讀書，中輟接近
於零，我們就可以說，輔導造就了福島，這算不算輔導的另
類思考？

## 參考書目

1. 吳英璋（民 86）。《台北教改之路》。台北市：教師研究
   中心。
2. 天下編輯（1997）。《未來人才》。台北市：天下雜誌。
3. 天下編輯（1997）。《海闊天空》。台北市：天下雜誌。
4. 曾志朗（民 86）。心靈改革從學習樂觀開始。《學習樂
   觀、樂觀學習》。廖文，台北市：遠流。
5. 洪蘭（1997）。《經營多元智慧》中編訂者的話，台北
   市：遠流。

本文原載於《教師天地》，第 91 期，民 86 年 12 月。

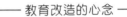

 **27 訓導輔導工作準則**

　　經濟快速成長，社會價值急遽變遷的時代，協助學生在追求知識時，也能孕育合宜的價值體系，形成人格的中心特質，俾能正確運用習得的知能，是一件非常重要的事。而訓導輔導人員在學生形成價值體系和人格的中心特質上，扮演關鍵性的角色。訓輔人員輔導學生時，可資依從的原理原則很多，陳局長漢強在高職訓導輔導主任會議時提示的六項準則，特別值得教育同仁的重視，為使未參加會議同仁亦能有所遵從參照，特借本刊一角，試加闡述。

## 一、輔導學生的要領

### ㈠關愛而不溺愛

　　「愛的教育」是大家熟知的教育理念，此一理念的精義

在求教育同仁以理性的態度來關心、關愛學生，絕不感性的溺愛、情緒的錯愛。老師愛學生，應該「愛之以道」，否則，無由的溺愛，只有帶來更多的傷害，有人說，錯愛是一種罪，許多淪落的青年，常係種因於過多的錯愛、溺愛，因此，教師同仁，懷抱愛心，使之以道，能不慎乎！

## (二)寬容而不縱容

學生是未成熟的學習個體，難免會有若干脫序的行為，教師在輔導，先予寬容、接納、再予以積極診斷輔導，使之知非解是，進而建立正的規準，卻萬不可縱容，未予指正，致使之是非不明、黑白不分，劣行加重。

## (三)尊重而不迎合

民主時代，人人允宜有民主素養，其培養始之於家庭，發展於學校，成熟於社會。教師對於學生的意見，自應予以尊重，但學生究竟是一群學習中的未成熟體，教師處理時，應是者是之，非者非之，予以嚴正而明確的指導，不可曲意迎合，更不可討好，導致學生是非不分的混淆現象。

## (四)支持而不替代

在許多活動上，學生常須透過參與得到真正的學習，我們應該輔導學生，以理性的行動，關心自己，關心同學，關

心學校，也關心社區、社會和國家。因此，應支持學生規畫活動、辦理活動、參與活動，而不宜為圖省事而專事替代，甚或一味禁止，以免剝奪他們學習和進步的機會。

## ㈤關懷而不施捨

青年學生血氣方剛，在交友學業造成心緒上的挫折在所難免，他們需要尊重、關懷和真心善意的扶持，不歡迎憐憫和施捨，教師在輔導時，應注意及此，始能幫助學生邁向成熟和自立。

## 二、發揮輔導訓導相加相乘的效果

訓導是校園傳統的工作，輔導則屬新興業務，輔導工作中的教育、職業、心理輔導和傳統的學校工作自有其重疊之處。在傳統校園工作中，加強了輔導工作，基本上消除了教育工作領域上的死角，應該使教育工作更具效率。由於工作項目上絕對劃分的困難，使訓輔工作出現了若干隱憂，學生應該避免「和尚多，無水喝」的現象，分工更須合作，使訓導、輔導工作發揮相加相乘的效果，才是學校增置專人執行輔導工作的本意。本局為加強輔導、訓導和各處室間的聯繫統合效果，曾訂頒「台北市職業學校輔導工作委員會工作項目表」，明列工作項目，分主辦、協辦、承辦，就輔導、訓

導、教務、實習輔導等單位試行制分，可供參考。

## 三、培養見樹見林的人才

由於科技進步、社會活動之分化普遍而深入，人與人間產生了隔行如隔山的現象。現代人常各專其專，其見識之偏窄，已為社會之健康、和諧帶來許多隱憂，我們除了學科的教學以外，更應積極培養見樹亦能見林的統觀人才，使之具有專業的認知與行為，亦能知大體，胸懷社會責任，表現出為歷史負責的行為。訓輔人員，尤應具此種體認，在運用行為改變技術，糾正學生偏差行為之餘，更應該運用各種有效途徑，培養學生的人文素養，樹立健康的人生價值觀和明事理、辨是非的能力，而能以見樹後見林的胸懷來迎接生活。

## 四、多聯合並運用社會資源，宏大訓輔效果

開放的社會，不容許閉門造車或單打獨鬥，訓導工作自不例外。再說，學校是社區的精神堡壘，學校應走入社區和社區保持良好的互動。同時，校內人力或其他資源畢竟有限，社會資源則屬無窮，如能加以爭取，而得支援協助，將匯成一股何等鉅大的助力，對學校的幫助必然很大。尤其本市人文薈萃、人力充沛、社會資源豐富，真是得天獨厚，在訓導輔導上，各位同仁宜乎根據實際需要，充分有效運用社

會資源，發揮輔導學生的功能。

## 五、充實硬體，善用軟體，發揮訓輔功能

欲善其事，先利其器，訓輔工作何嘗不然。教育同仁應根據學校實際需要，訂定計畫充實硬體軟體設備，尤其應該充分有效地使用既有的軟硬體設備，宏大教育投資的效果，發揮訓導輔導的功能。

## 六、輔導升學，更不忽視輔導就業

培養少數的上智生，更不忽略大多數的一般資質生。

因材施教，使教學發揮應有的功能；有教無類，則益加襯托出老師的偉大。就訓輔而言，有升學意願而適合於升學的學生，固然盡力予以輔導，達成其願望，唯對就業輔導尤其不可忽略，學校亦應開拓就業管道，爭取工作機會，協助學生獲得適合的職業，真正做好就業安置的工作。對上智學生，學校應協助其發揮潛能，使之有傑出的表現，而對大多數一般資質的學生，更應該善盡教師輔導之責，這正是教師愛、輔導愛的偉大處。

總之，輔導訓導工作是學校教育的核心，也是教育活動中真正「教人」的工作。一個學校的訓輔工作，如果缺乏起碼的基礎，教學的功能便會大打折扣，縱使在智育上有傑出

的成效，在五育未得均衡發展的情形下，仍然是有瑕疵的教育。至盼教育同仁深切了解訓導輔導工作在教育上的重要性，有效把握訓導輔導工作的原理原則，發揮訓輔的功能，引導學生真正的成長、進步。

本文原載於《教師天地》，第 37 期。

# 將輔導融入各科教學

## 一、前言

有一次，赫胥黎應邀去都柏林演講，由於時間緊迫，他一出家門就跳上計程車，大聲對司機說：「快！快！來不及了！」司機於是力踩油門，快速起步飛去。赫胥黎正在慶幸一出門就攔到計程車，才猛然驚覺到連去哪裡都還沒說，這種快法還得了！

於是立即修正、提示，司機才鬆了一口氣，不過，還是很高興地說：「可是，我們畢竟跑得很快！」殊不知，去哪裡都沒確定，跑得快有何用處？跑得越快，可能越糟糕呢！方向錯了，速度越快，離目的地豈不越遠？

台灣的教育多少有這種努力而方向不太對勁的現象，楊茂秀（民84）就曾指出「四十年來，台灣的教育把人教會，

而且也把人教不敢，」其實，如果仔細推敲，我們的教育還把人「教成不會。」先說教不敢，比如幾乎人人都潛心讀教科書，追求高分，走升學取文憑的路，很少有人敢根據自己的興趣走自己想走的路。再說教不會，例如填鴨教育，使一些人失去創造力，不重創意，不會思辨，甚至於不僅讓怪力亂神大作，也由自己一票一票選出「黑道」、「金主」來出任公職，造成若干社會亂象，有些人不會守秩序、不會守法令……。

我們的教育的確需要作必要的改進，本文的討論只是改進教育的方法之一，希望能回到教育的原點，思考教育的可行策略，就從教育真正的動力──教師的教學與輔導融合開始。

## 二、當前教育問題概述

教育問題千頭萬緒，所謂「冰凍三尺，非一日之寒」，真有剪不斷、理還亂的感覺。綜而言之，作者以為一是觀念問題，一為方向問題。

就觀念言之，觀念指導行為，觀念偏差，行動就容易出錯。綜觀社會，隱約中好像把學歷當成學力，知識看做本事，認為讀書就是讀教科書，文憑等於教育，分數等同學習，此種觀念導致教育方向的偏差，教學目標的窄化。因

此，「背多分」、「講光抄」應運而生，「解題訓練」、「應試教育」處處可見。爲了爭取成績，教得難、教得多、教得快、教得太一致，就成爲常見的現象；爲了求取高分，提高競爭，九十九分還要打一下。因此，只有少數學生應付得來，多數學生無法領會求知的樂趣，長期生活在失敗、挫折之中，一個人處在這樣的情況，又怎能期望他成長後能有穩健的人格呢？

　　就方向言之，所謂失之毫釐，謬以千釐，方向的確比努力重要。例如，在偏智之下，我們的教育，比較缺少生活價值的引導，聯考不考的科目，也容易輕鬆的教，隨便的學，甚至有放棄學習的現象；就算是考試科目，也常爲了遷就「公平性」或批改方便性，放棄了思考性、思辨性或情意性、價值性的學習或評量，一切努力皆爲分數、爲聯考。於是乎：有些家長不希望孩子參加社團，有些學生不願意擔任班級幹部或參加科展，甚或有特優生可不用掃地，好班學生僱人來做清掃工作的現象。這樣的方向，無怪乎會造成學習結果的走樣。

　　這種傳統上，理想全人教育、完全教育內涵的分離、失落，教學的窄化，使教育叢生弊病。導致多少學子在知識上不能作統整的了解，在情意上無法作合理的涵養，在行爲上難有正確的表現。的確，前述把人教不敢、教不會，即使教會的部分，也有很多是生活上不一定有用的部分，真是值得

大家反思和改進。

## 三、教學輔導的融合

　　讓我們回頭來想一想，有沒有什麼簡單的方法可以針對前述的不良現象來謀求改進？教學和輔導的融合是可能的策略之一。

　　由於輔導工作領域兼及個人生活的全部，是對一個人生命的成長提供多方面，甚至於全方位協助的教育過程，包含了教育、職業和生活的三大部分。進一步言之，可以包含知識、技能、態度、價值、情緒、行為、習慣、方法……等等的引導，輔導強調發展個人根性，從每一個人的所能、所長，開始來協助發展，因此，在各科教學中融入輔導的理念和做法，自然可以使分立、零碎的教學，回復往昔的完全和統整來。

　　其次，正式的學校教育、教學，應該回頭向學前兒童學習的歷程學習，加德納（民 84）認為全世界的小孩在幼年時，不必經過多少正式的教學，就已嫻熟多得令人瞠目結舌的技能，如語言、唱歌、騎腳踏車……，但是具有這樣能力的孩子卻又經常在入學後遭遇極大的困難：說話和了解語言不成問題，卻在讀寫上面臨嚴重的挑戰；數東西和數字遊戲很好玩，加減乘除卻一個頭兩個大，數學更是令人望而生

畏。學校中由教師負責的學習，反而不如年幼時在家中或附近環境所進行的非指導性的自然學習。因為，幼年的學習是自然的，每一個人都可以無拘無束免於挫折地根據自己的興趣、能力來決定先學什麼、再學什麼，甚至可以自己決定學習的方法、份量和速度。比如，一個孩子一歲半會說話，固然會得到許多鼓勵，另一個孩子四歲才說話，也不會受到催促和責備，一切的學習仍是進行得自然自在，這種情境構設自然隱含輔導上用來指引學生自我學習和成長很重要的理念；可是一旦進入學校，就面對教材難度、份量、進度……一致性的要求，教師們是忘掉了孩子們學習時悠然自在，各就其位、各有節奏的需求了，徒讓小孩的心靈承受學習失敗和挫折的煎熬！尤其，小孩子不會消化挫折，通常小孩只會把挫折轉化為放棄學習動機，甚至破壞、鬧事、攻擊他人（譚智華等，民85），導致學習的遲滯。多少人因此厭倦學習，甚至於錯失了學習的動力。

　　知能、態度、價值的學習恰似生理成長一樣，充滿了個別差異，個別間的學習速度固然不一，單位時間內可能攝取的學習量也全然不同，而喜好的學習種類也不是人人一致。

　　因此，各種教學需要融入輔導的理念，運用輔導的策略來進行個別化學習的指導，是相當明顯了。

## 四、教學輔導融合的原則

要之,將各科教學融入輔導的理念、精神和作法,可以考慮以下幾個原則:

### ㈠普遍原則

各科老師面對所有學生進行教學時,都能依據情境發展和個別學生學習的需要,選用合適的輔導策略,就能形成一個堅實、快速、有效的教學輔導網,防杜學習的漏失,維護學習的完全性和統整性。

### ㈡完全原則

傳統上,理想的教學就是完全的教學,包含知識、技能、情意、價值、方法、習慣、行為的指導,也就是融合教學和輔導。教學能顧及完全原則,就是兼及身、心、性、靈的學習,強調「教人,不只是教書」,期盼的是人師、經師兼具的良師典型。

### ㈢統整原則

把物理、化學、地理、歷史分開教學是教學上的務實需要,但是,在教學、輔導融合的期許下,不僅橫的聯絡、統

整相當重要。進一步來說，一個物理學家不能只靠物理知能來立足，他的溝通能力、他的人際關係、他的情緒表達和控制，也要有一致性、統整性的成長，尤其要能和真實生活情境統整結合才成。

## ㈣機會原則

機會就是把握當下，在教完難度較高的數學單元，舉行評量之後，對表現優異和有挫折學生的輔導、鼓勵；或當校外教學——野炊時，對認真不懈的學生和聞香而返的學生，實施立即而必要的輔導！就是趁情境鮮明，印象深刻時，當機立斷、抓住機會，予以激勵和輔導指正，比較容易產生效果。

## ㈤最適最佳策略原則

引用最適最佳的策略，獲得有效的教學成果。比如：孩子的功課欠佳，有必要和家長溝通建議，千萬別只告訴家長有關孩子的不是，可以考慮最適最佳的策略——「是是非是」來處理；先說、多說、常說孩子好的表現或行為，後說、少說或分次說期盼孩子改善的行為或觀念，談話末了，還宜總結孩子的優點是處，可以避免孩子的反彈或家長的排斥，通常也比較容易產生輔導的效果。

## ㈥接觸原則

有道是見面三分情，面熟好說話。師生良好的接觸，建立適度親密的關係，對於相互間的了解、互信和輔導的策略的選擇，非常有幫助。導師在這方面具有制度上的優勢，其他的科任教師則需自行設法。

## ㈦合作原則

教學輔導可以分工更需要合作，教師們可以運用合作原則，共同開發教學輔導融合運用的策略，相互流通，支援使用，可以減輕壓力，提高成效。

## ㈧回饋原則

融有輔導的教學策略很多，各種不同策略使用效果的強弱，來自於運用對象的差異，同一個策略對甲生有效，對乙生則未必然。因此，教師在運用時，要注意學生的回饋，俾能適時作修正，以提高輔導效果。

## 五、教學輔導融合的策略

各科教學過程中，教師要能根據情境或個別學生學習的需要，隨時自然地引用合適的輔導策略，消除學生學習上的

疑惑、障礙，或提高其學習興趣，激發其學習的潛能。比如，腦性麻痺多重障礙學生孫嘉梁同學以高分考入建國中學，嘉梁在學習上，訊息的輸入和常人相似，但是訊息輸出的方式和一般人不同，輸出速度不及一般人的四分之一。所以各科教學，特別是評量時，就必須融入輔導的理念，針對他個別的需要，容許不同的設計，來消除個別的障礙或彌補實際的落差；如此，他比一般人優異的學習能力、學習成果，仍能夠充分的展現出來。以嘉梁來說，考試時延長時間、使用電腦，就可以彌補訊息輸出時和一般人之間的落差。反之，如果堅守狹思的教學觀念，要求他使用一般人一樣的方式和速度，那麼嘉梁就會有學習的挫折。

又如某校有一位英文落後許多的高一學生，老師發現他的問題在於起點行為低下，更由於長期挫折、缺少信心，他早已失去了研讀英文的興趣，老師先是接納了這事實，用寬容的心給予學習機會，塑造了有利於個案學習的情境和空間。根據了解，老師採取了「分段學習、分段測驗、重複學習、重複測驗」的策略：第一天只要他背誦三個英文單字，評量時只考指定的部分，結果，考了一百分，讓他獲得鼓勵，品嘗成功的喜悅和滿足的快感，然後逐步增加學習的份量和難度；一方面幫助他恢復信心，提高興趣，一方面引導他補充不足的能力。如此，經過一個學期的鼓勵重整，該生英文大有進步，信心興趣大增，對英文學習，從害怕、排斥

到接納、喜歡,最後也趕上了同學的平均程度。實際上,就教學而言,在課堂內能教能學的實在有限,教多、教難,反讓學生打退堂鼓,不如引導學生學得有趣有信心,自己願意在課後繼續學習,這樣的教學,反而來得實際有效。無怪乎,杜威要說,真正的教育不在教學,而在塑造一個令人喜歡的學習情境,真是良有其理,在思考各科教學和輔導融合時,杜威的想法更值得重視。

探索先前這兩個案例,我們歸納一個簡單的策略,請大家參考指教:

(一)寬於接納。

(二)敏於知覺。

(三)把握(運用、創造)機會。

(四)釋放空間。

(五)形塑情境。

(六)適時切入。

(七)企畫並選用合適的輔導策略。

(八)立即輔導。

(九)追蹤檢討。

(十)持續輔導。

## 六、結語

　　總而言之,理想的教學或完全教學,本就包含輔導的理念,只是在升學競爭下,由於學習的偏差,導至學習的窄化,輔導和教學硬是分離了。此時此刻,由於教育改革的迫切需要,我們有凸顯教學輔導融合的需要,在各科教學過程中,教師亟需根據學習發展或學生學習的個別需要,適時參照教學輔導融合的原則、策略;或使放棄學習的學生重整學習的旗鼓,或將偏離學習常軌的學生吸引回來,或使學習之路可有可無的學生,找回值得努力的焦點,或替學生做好「經紀」的工作,協助學生開發潛能,激發興趣,來幫助學生獲致最有效的學習成果。我們期盼實施全人教育,實施完全教學,讓教學輔導有更多的重疊,做更緊密更有意義的融合!希望能運用「普遍」、「完全」、「統整」、「機會」、「最適最佳」、「接觸」、「合作」、「回饋」的原則,以及「寬於接納」、「敏於知覺」、「把握機會」、「運用機會」、「創造機會」、「釋放空間」、「形塑情境」、「適時切入」、「企畫選用合適的輔導策略」並「立即實施輔導」,進行「追蹤檢討」和「持續輔導」等策略,普遍營造快樂的學習情境,引導回歸教育本質的教學,真正做好個別差異和個性化教學,以教會、學會來幫助孩子們學

習，希望能參照孩子們未進入學校之前，快樂有效的學習風
貌，真正帶給孩子們學習的歡樂、歡喜，導引他們滋長生活
的信心，燃起生命的希望和價值；同時，指引他們選擇正確
的學習和生活方向，教給他們學習和生活的方法，真正做到
先哲所謂的全人教育，以重新形塑新時代，人師經師兼具的
良師圖像。這或許只是採取教育的老方法來激發教育的新希
望，不過，採取完全教學，實施教學與輔導的融合，仍然值
得一試，至於怎麼做會更好？成效如何？就有待諸先進一起
來深思其理念，開發合適的有效策略，以及身體力行了。

## 參考書目

Howard Gardner 著，陳瓊森、汪益譯（民 84）。《超越教化
　　的心靈》。台北市：遠流出版公司。

William Glasser 等者，譚智華、李瑞玲譯（民 85）。《你在
　　做什麼》。台北市：張老師文化事業公司。

楊茂秀（民 84）：教育雜木林：走向狂喜之路。陳瓊森、汪
　　益等譯，《超越教化的心靈》一書中的專文。

本文原載於國小輔導活動「課程與實
　　務」研討會，中華民國教材研究
　　發展學會。民 86 年 6 月 21 日。

# 班級經營的理念㈠
## ——活動比書本重要

　　某縣政府動員月會，縣長臨時無法主持，大家公推新任的單位主管來主持，主席就位後，一直面向大家，底下同仁急打手勢，請他面向國父遺像，可是，沒發生作用，等國歌唱到一半，他才意會臉紅。

　　只做虛位主席，如果從未經歷過，連該怎麼站，都可能脫線，可見就學習而言，經歷過、活動過、做過，對建構一個人的運作性能力有多重要。

　　李遠哲先生指出：我們的教育多培養解決紙上問題的學者，少能培養解決實際問題的專家，談理論可以滔滔不絕，一臨實境，則感手足無措。造成這種現象，主要是我們的教育幾乎以教科書作為教學的唯一根據，教育運作常與生活脫節，缺少實際演練，教育的過程多止於背誦知識，求取高分，未及生活化，未能經過操作、演練和實境的體會，這種靜態學習、背誦學習，可以說只學了一半，並非真正、完全

的學習，常造成書到用時方恨少的窘境。

　　有效的學習的確需要透過有意義的活動，才容易完成，這些活動包括大動作的灑掃、跑跳、布置、游藝、實驗、操作，乃至鬥牛、郊遊、體育活動，以及思考、推理和情境的真實感受等等，的確是完成有效、有用學習活動不可或缺的部分。

　　蒙特梭利認為兒童藉由動作（movement）來形成自己，質言之，工作、遊戲和各種類型的活動可以激發動作，協助兒童建構心智、穩定情緒、激發成長、邁向成熟、成就自己，就學習生長成熟而言，蒙特梭利還認為工作、遊戲或活動，幾乎沒有替代品，活動成為學童學習歷程中不可或缺的部分，綜觀我們的學習過程，充塞過量的知識記憶和背誦，只留極小的空間、時間用為活動發展和心智發展之用，形成「背多用少」、「分高力低」的憾事，大大抵消了教育的完整效果，實在是開學習之倒車啊！

　　大致說來，讀得不多，背得很少，紙筆測驗得低分，師生家長很快就感知到低分的壓力，而減少活動頻數、降低活動品質，所可能造成的不良後果，往往要幾年以後才會出現，這是一般人重知識背誦、求取高分，而忽略活動之學習價值的主因，這種近利短視的想法，實在亟待調整修正。

　　我們強調活動比書本重要，並非輕忽書本的價值，我們只是在意活動的效用，更肯定活動促進學童發展、成熟、成

長的價值。實際上，透過書本固然可以累積許多知識，經由
活動則可以有系統地建構知識，進而發展無窮的智慧。累積
的知識，很像傳統的倉庫，取用不便；建構的知識，像現代
的書庫或硬碟，取用方便。再者，如果知識、智慧能兼而得
之，當然更好，如果不可兼得，我寧可優先開發智慧，因為
知識好比是一把刀，智慧則是用刀的方法，當一個人有刀卻
不懂得用刀，這一把刀極可能是危險的，當一個人懂得用刀
而沒有刀時，他可以想辦法借刀，沒有刀不會是問題。可見
智慧比知識有用，活動比書本重要。

　　讓我們來思考活動對學習的價值；藉由活動來學習，常
使學習自然有趣也有效，是最有助於建構知識、情意和技能
的方式，如此學得的知識比較有活用的可能。比如，把許多
學童畏懼的數學或枯燥的運算融入郊遊烤肉活動，讓他們規
畫活動，估算烤肉時，多少人買多少斤肉、多少麵包、配
料、水果，吃多少肉會轉化成多少熱量，每階段活動要多少
時間，每人要預收多少費用，如果加上寫通知發布告整理心
得，學習內容就更豐富熱鬧。心理學家也認為學童一旦投入
實用的活動情境，就會被活動階段的相應性、對活動發展所
生期待的神祕性，可能引爆的趣味性，以及數學和數字的關
係所吸引。由於透過此種趣味性的活動過程中不斷產生新的
情境、激發新的理解、產生新的收穫，不但會自然建構主題
知識，更能有助於形成積極的態度、了解工作順序、養成工

作習慣、熟練工作方法和建構良好的人際關係技巧。這種學習是實用的、牢靠的、趣味的,也才是合作而完整的;尤其是,學習一旦有趣,學童會持續、主動地參與,其能產生的功能和價值才是難以估計的。

　　總而言之,活動的確比書本重要,活動在學習歷程上有其不可取代的功能,如果忽略活動,直接進入書本,專事記誦知識,我們得到的只是知識的堆積,所得常常難以活用,而降低了學習的價值。只有佐以活動、操作、演練……來建構的知識才是清晰有序、務實合用,也才是我們要努力以赴的。且讓我們來仔細想一想!

　　本文原載於《班級經營》,第 1 卷,第 3 期,民 85 年 7 月。

# 班級經營的理念㈡
## ──培養正確的知覺

## 一、楔子

　　廣設科的小李喜愛炭筆素描，經常到巷口麵包店買吐司麵包，作為素描時擦拭修改之用。如斯三年，麵包店的小惠覺得小李長相斯文，氣質又好，早已暗生歡喜之心。

　　禮拜天，小李炭筆素描作品即將完成，準備參加隔天的畢業展。由於興趣加上長久的練習，小李的功力大進，又經老師指點，畫來相當滿意。殊不知在最後清理畫面時，發現麵包擦過的地方，全都染上了油漬，原來滿得意的作品，已經面目全非。小李怒氣沖沖跑到麵包店，找小惠，責問究竟。

　　小惠一臉疑惑加上幾分委屈，羞羞答答告訴他，麵包還是一樣的麵包，只是覺得小李每天吃吐司麵包，擔心他會營

養不良，所以早上偷偷地在麵包上塗加奶油。

小李差點氣昏，真是哭笑不得。

有一個樵夫遺失了一把斧頭，他衡量情勢，懷疑是隔壁王家的小孩偷走了，於是，他暗中觀察小孩的言行舉止，一看再看，覺得這小孩賊頭賊腦的，像極了偷斧頭的人，只是沒有看到斧頭，也不便說出來。過幾天，他又上山幹活，無意間發現了遺失的斧頭，才想起來，是自己擱在山上的，於是，再看看王家的孩子，覺得這孩子斯斯文文的，再怎麼看，都不像是個會偷斧頭的小孩。

這兩則小故事，說明知覺正確與否和行為反應之間的關係：正確的知覺導引出正確的行為反應；錯誤的知覺導引出錯誤的行為反應。

如果，一個人僅憑自己不正確的知覺，下決定，作反應，可能造成當事人之間的尷尬，有時可能造成莫大的損失或傷害，實在不容不加謹慎。設想，如果樵夫對王家小孩一起疑心，就去興師問罪，當發現斧頭原是自己擱在山上時，場面如何收拾？而麵包店的小惠，如果能深入體察，知道小李買吐司只為畫畫時做橡皮擦之用，就不會弄巧成拙，害得小李不能參加畫展了。

可見，正確知覺的重要，正確的知覺可以避免尷尬，避免傷害和損失，可以帶來快樂、幸福，可以使人際關係圓融可親，很值得我們注意，正確知覺能力更值得我們培養。基

於以上的體認，本文介紹幾項幫助正確知覺的因素和培養正確知覺的方法，供大家作為班級經營之參考，希望咱們彼此勉勵，協助學生培養正確知覺，以度過和樂安詳的生活。

## 二、正確知覺的因素

### ㈠豐富的學識

學識包括知識和常識，學識豐富就是知得多，懂得多。學識越豐富，基礎越寬廣，析理就越透徹，慮事也越周延，自然有助於作出正確的知覺。

### ㈡積極光明的價值觀

價值觀是我們行動的指導原則，一個有積極光明價值觀的人，凡事樂觀，容易往好處想，思路寬廣，不鑽牛角尖，比較不會掉到思維的泥淖裡頭。

### ㈢開闊的心胸

心胸開闊的人，心理空間寬闊，不會預設知覺的立場，比較能接納不同的理念，思索不同的訊息，融會不同的問題，因此，容易產生正確的知覺。

## ㈣科學的態度與方法

有科學態度的人，處事客觀、理性、不會輕下斷語，更不會妄加批判；有科學方法的人，善於觀察、分析，比較能找出問題的脈絡，發現事理的癥結，產生正確的知覺。

## ㈤多向度思考的習慣

多向度思考就是水平思考，具多向度思考習慣的人，遇到問題，所運用的不是單行道，而是多行道，甚至於逆向道思維方式，以水平思考、逆向思考的方法客觀分析事理，找尋多種合理答案，再區分出最佳的說法來；因此，比較不會失之武斷、偏執。

# 三、正確知覺的方法

## ㈠延緩判斷

太快下判斷，容易造成誤解、曲解。延緩判斷可以爭取思考的時間，形成有利知覺的空間，避免造成不必要的錯覺。天下間，有些事再思可矣，有些則需三思而後行。因此，為求正確的知覺，首先要延後判斷，避免急躁，導致知覺的謬誤。

## ㈡破除主觀好惡

主觀太強，我執太深，常常只知自己，不知有人，常常堅持己見，不知尊重別人，很容易造成誤覺、誤解。因此，為了獲得正確的知覺，在方法上要求，凡事不落主觀，應以客觀事理為準。

## ㈢蒐集充分訊息

明眼人蒙上眼睛，一時間，周遭訊息中止輸入，真是寸步難移，所謂不知不行，知少難行，多知易行，真有其理。可見充分的訊息是正確的知覺的基礎。因此，充分的訊息是正確的知覺反應的第三步。

## ㈣進行多向度的思考

延緩判斷，破除主觀，蒐集充分的訊息，此時，須作多向度思考，以不同角度分析，以各種知覺可能作比較，使正確的知覺能逐步浮現。

## ㈤審慎判定

經過了前述幾道歷程，即開始運用已知訊息，審慎地作「知覺選擇」，以獲得心目中最佳的答案。

## ㈥反覆思考

　　找到最佳的選擇，為知覺的反應，在向外發表前，再作一反覆思考檢核，以確定知覺反應的正確性。

## 四、結語

　　總而言之，日常生活本來是一連串的刺激、知覺和反應累積串連而成，有什麼樣的知覺，就有什麼樣的反應，有什麼樣的反應，就產生什麼樣的結果。因此，知覺正確與否，直接影響個人生活的苦樂。如果希望擁有圓融快樂的生活，不妨從培養正確知覺能力著手；那麼，豐富的學識、積極光明的價值觀、開闊的心胸、科學的態度和方法以及多向度的思考習慣是不可少的。有了以上的素養，一旦遇到問題有待知覺反應時，先延緩判斷，再破除主觀好惡，接著蒐集充分訊息，進行多向度思考，加以審慎判定和反覆思考，比較容易產生合理正確的知覺和反應，如此，擁有圓融和快樂的生活就不難了。

　　本文原載於《班級經營》，第 1 卷，第 4 期，民 85 年 10月。

# 班級經營的理念㈡
## ——友誼比分數重要

　　我們處在一個快速變遷的社會，這樣子的社會有許多特性，高度競爭則爲其中一個相當明顯的態勢。其實，高度競爭原本沒有什麼不好，透過競爭常常是社會進步的動力，只是過度競爭流爲惡質，常常產生難以估計的殺傷力，反而成爲社會進步的絆腳石。

　　前一陣子，某大學研究所一位經常考第二名的學生，爲了壓制第一名同學的競爭能力，竟然長期暗中下藥給第一名的同學，讓他拉肚子，讓他心神不寧，考試考不好。本來，讀研究所已相當難得，再能考第二名，更是不易，只要全力以赴，前途必然光明，何來如此下藥害人之思呢？有一位名校同學在某次考試前，有幾個不會解答的數學題目，請教了同班幾位高手，大家都推說不會，等到真的考出來，原來回說不會的同學，都會作答，就只有原來請問人家的同學真的不會，這種害怕別人比我好的心態，令人遺憾、痛心！有位

老師說他班上曾經有過考九十七分的同學不跟考九十八分的同學講話的情形。啊！我們的校園如果落入這種「你死我活」，「把別人踩在腳下」，「只要分數不要友誼」的惡質化競爭的景況，那真是病得不輕、病得可怕了。

人的生活一旦缺乏了友誼，缺少了可以關懷的對象，他會真正的快樂嗎？從媒體上，我們有多次機會看到大中小學生自殺身亡的遺憾消息，這些學生中不乏所謂品學兼優的學生，他們為什麼會走上絕路呢？簡單的說，是個人情緒調理出了嚴重的問題，而濃密溫馨的友誼是青少年調理自己情緒最好、最便捷的方式之一。一個人缺乏珍貴的友誼，一旦情緒失控，就很難快速地在周遭找到可以安心依附、可以有效協助調理、疏解的幫手，甚至於欠缺值得懸念的友人，這樣的人當然容易走入極端了。

我們常說人不能離群索居，說明的也是人這種智慧型的動物對友誼的渴望、感情的寄託以及人性的基本需求。這些個渴望、寄託、需求的滿足，可以讓一個人活得安心，過得安穩，可以使他心情平靜、生活平安，然後才能發揮潛能，也才能有所得。再說，友誼是人類合作的基石，是互助的先導，互助合作則是團隊運作、建立團隊共同願景以及促成進步不可或缺的動力。團隊合作是二十一世紀企業和教育改革追求的目標之一，透過這樣的方式，協助每一個人發揮其最大潛能，人人都可因而蒙受其利。友誼的確是成員間和諧快

樂、提高生活品質不可或缺的要素，也是使人類生活平順、添加姿采的潤滑劑，所謂君子成人之美，正是這種道理，可見建構友誼的重要性。

考試的分數代表什麼呢？一百分表示完全學會？零分是一點收穫也沒有？六十分一定及格，五十九分就是不合格嗎？九十分比八十九分要強嗎？愛因斯坦小時候，每碰到一個問題，別人都答好了，他還要再想好長的時間才能答得出來，他的分數就常比別人低；我們也看到了許多在學校考第一名的人，在工作世界上，不一定也是第一，名次在後的學生，在工作上也未必永居最後。可見，每一次考試的分數的確不能代表一個人的學習結果，更不能代表一個人的學習成就，既然這樣，我們又何必那麼在乎分數呢？

尤其，如果命題上有所疏漏，紙筆考試分數的高低就更不能代表一個人的學習成果了。在未來的社會，學習已由「知識導向」轉移為「能力導向」，唯有運用知識、發現知識的能力才能因應未來快速變遷、知識有效期日益縮短的趨勢，因此，紙筆測驗所得的分數所代表的意義就更為狹小更為不周延了。

我們終歸覺得考試分數在一個人生命歷程中所顯示的並不那麼重要，友誼給人的反而是更多更有價值。至少，在學習上，我們覺得友誼比分數重要，友誼帶給我們的遠比分數豐碩、重要。當然，我們說友誼比分數重要，並非否認分數

的價值，也非鄙視分數的意義，我們只是覺得友誼在學習過程中的順位應該在分數之上，就算有所爭，也要立於友誼基礎之上，來做君子之爭、良性之爭，或是來做團隊式競爭合作學習，相互照顧、提攜學習，「因為妳的進步，導致我的進步」，「因為少數個人的優秀、努力，締造了大家能夠共享的美好結果」，走向「你好、我好、我們都好」的境界，果真如此，那麼，這樣的校園，這樣的學習風貌，這樣的世界，才是我們樂意見到的，也才是大家的福氣啊！

　　本文原載於《班級經營》，第 2 卷，第 2 期，民 86 年 4 月。

# 班級經營的理念㈣
## ——培養合理的思考模式

## 一、楔子

這是大家熟知的故事：

鞋廠老闆派兩位銷售經理到非洲考察新鞋銷售與市場開發潛能，兩位幹部回國後，甲先生報告說，非洲人不穿鞋子，這個市場沒有開發價值，我們不必去了。乙先生說，非洲大多數的人都還沒有買鞋子，這個市場很有潛力，建議趕快進行開發，結果乙受重用，甲於不久後離職。

這兩個人由於價值觀和思考模式不一樣，所做的判斷和所造成的後果，當然也不一樣。可見，思考模式在日常生活上的重要性。

班級經營的內涵很多，引導每一個學生快樂、積極的生活和學習是重要的項目，快樂、積極也是形塑個人思考模式

非常重要的因素。因此，協助學生培養合理、健康的思考模式，是值得教育同仁用心與重視的。

## 二、什麼是思考模式？

思考模式是什麼？回答這個問題之前，先看看模式是什麼？模式是一種真實情形的抽象化解釋，用以簡單的表示某種真實世界裡的現象（李茂興等譯，1991），因此，「E＝MC$^2$」，「（a＋b）$^2$＝a$^2$＋2ab＋b$^2$」是模式；「資產＝負債＋股東權益」是模式；百貨公司櫥窗中的模特兒也是模式；某人每天早上起床後，相當自然穩定地「刷牙、洗臉、方便、用餐、更衣、上學」，某人身上缺錢了「向父母伸手求取」或「謀職打工」……都是一種模式。總而言之，模式就是自然情境、同一狀況下、重複出現的動作或行為，或是一個人從事某一種目的性活動或工作時，所表現出來相當穩定而自然的流程、管道、方式或習慣。此一方式用之於思維者叫思考模式，表現於行為時叫行為模式。

## 三、思考模式重要嗎？

一個人擁有什麼樣的思考模式非常重要。簡單地說，有什麼樣的思考模式，就會表現出什麼樣的行為，行為的累積、綜合、統整，就代表「他」這個人，也就是我們常說的

「他這個人就是這樣」，可見思考模式對一個人的重要性。進一步說明如下：

　　㈠思考模式引導一個人的選擇。

　　㈡思考模式決定一個人的行為模式，就是決定一個人的行為。

　　㈢思考模式是形成一個人人格特質的主要因素。

　　㈣思考模式決定一個人的風格、品味。

　　㈤思考模式決定一個人的生活內容。

　　我們知道一個人的選擇結果、行為、風格、品味和人格特質的持續穩定的表示，就等於是某一個人之所以成為某一個人的具體指標，這些都會很清楚地反應在生活言行之中。比如：

　　㈠生活內容、方式和態度是嚴謹或散漫的？緊張或悠閒的？計較或寬容的？

　　㈡工作態度、方式是盡職負責或馬馬虎虎的？是全力打拚或得過且過的？

　　㈢求學態度是全力以赴、穩紮穩打，或可有可無、應付了事的？

　　㈣做人交友是講究情義、信守承諾，或利害為先、信口開河的？

　　總之，思考模式就好比是一個模子，塑造出完整的每一個人，什麼樣的模子，就印製出什麼形狀的成品，什麼樣的

思考模式，就孕育出什麼樣的人來。思考模式偏差，行為自然容易偏頗，生活容易出軌，也容易惹來麻煩或傷害。如：「要開車就開快車」、「超車要快、就走路肩」，這是容易出車禍的思考模式。又如：「要說話就說好話」，「要做事就做好事」，「要讀書就讀好書」，「要掃地就掃乾淨」……就會帶來好的、愉快的行為和結果。一個人思考認定「吃虧要討回公道」或是「吃虧就是佔便宜」，其後續的行為反應是很不一樣的。總之，不同的思考模式，引發不同的行為，不同的行為累積，造就了不同氣質的個人，可見思考模式的重要。

## 四、思考模式的規準在哪裡？

思考模式既然如此重要，有無規準做為檢驗之參考？建議如下：

㈠合法性：合乎目前各種法令的規定嗎？

㈡合理性：合乎理性、合乎常理嗎？

㈢合規範性：合乎團體的一般規範嗎？

㈣合道德性：合於一般道德要求嗎？

㈤合俗性：合乎善良風俗嗎？合乎一般慣例嗎？

㈥利他性：對一般人有好處嗎？對於眾人有幫助嗎？

㈦利己性：對自己有用嗎？有幫助嗎？有好處嗎？

(八)合效率性：可以增進效率嗎？可以節省時間、節約經費嗎？

(九)穩健性：做法穩當嗎？會招來惡評嗎？會有困擾嗎？

(十)創新性：是一種新的做法嗎？有新意嗎？

(十一)積極性：是一種積極的做法嗎？

(十二)目的性：目的何在？產生什麼結果？

以「考試不會妨礙作弊」的思考模式爲例，對照規準來看，大概只合乎「過關」的目的性，求知的目的性當然達不到，而利己性或能勉強限於眼前，從長程來看，還是害己的。萬一作弊被發現，該科零分不說，還會依校規記過，連目的性、利己性都談不上，其餘更難切合了。

當然，決定是否合乎規準，分析起來相當複雜，並非易事。實際檢驗時，可以檢查模式切近規準的程度，越接近越好，接近的項目越多越好。此種切近規範的情形，有主觀的合乎規準和客觀的合乎規準兩種。客觀的合乎規準優於主觀的合乎規準。

## 五、「心」「行」不一，怎麼辦？

一般來說，在自然情形下，思考模式和行爲模式具有一致性，也就是說，有什麼樣的思考模式，就表現出該一思考模式所反射出來的行爲模式。不過，由於人心複雜，情境萬

變，在當事人刻意之下，思考模式和行爲模式也可能是不一致的，這就是心有所思，行未必至的現象。比如：有人基於預設的理由，雖然運作某一思考模式，卻故意表現出與該一思考模式不相對應甚或相反的行爲模式：某甲對某乙恨之入骨，爲了道德的理由，在眾人面前某甲對某乙卻表現出關懷和熱情，此在官場、商場上並不難見。又丙小姐喜歡丁先生，基於自尊，在眾人面前卻一副不理人的樣子，生活中所在都有，再如某戊很不用功，爲了段考過關，已決定考試作弊，偏偏遇到監考嚴格出名的老師，直到終場，根本沒有機會作弊……等等。刻意是一種例外，例外不能爲例。基本上，思考模式和行爲模式間的一致性很高，我們仍宜培養健康、正確的思考模式才好。

## 六、如何培養合理的思考模式？

如何培養健康貼切合理的思考模式，可分別由基本上、歷程上和班級經營三方面，簡單敘述：

### ㈠基本上

#### *1.* 充實自己

⑴研讀多種領域的書籍，過濾吸收各種理念。

⑵多接觸通識教材，充實自己的人文素養。

(3)多吸收先進前輩的處世和思考經驗。

(4)多參考相似情境下，別人有效的思考模式。

(5)多思考、分析各種思考模式。

(6)融合歸納自己的思考模式。

## 2.培養宏觀視野

(1)常站在別人的立場思考問題──設身處地。

(2)常站在高一層、高數層的立場思考，比如練習站在班級、年級、全校、全市或全國的立場來思考。

(3)學會蒐集資料，有助於了解問題、統觀全局。

(4)任何問題，都要跳脫「僅以自己的立場去思考」的習慣，注意廣度，作到多方面與多角度的思考。

(5)「橫看成嶺側成峰，遠近高低皆不同」，因此，一定要有寬廣的心胸容納異見和批評才是。

## ㈡在歷程上

1.從生活細節的食衣住行育樂中尋求鍛鍊。

2.從鍛鍊中獲取反應或回饋。

3.從反應中不斷檢討修正。

4.從修正中逐漸邁向成熟。

5.從成熟中充實涵養。

6.從涵養中適當歸納並予以模組化──成型的模式。

## (三)在班級經營上

教師負責班級經營，宜儘可能全面參與、親近學生的日常生活，包括學習、健康、道德、勞動、職業、休閒、公民等等，隨時、隨地、隨機地了解學生的個別表現和學生間彼此的互動情形，並從學生言行表現過程中，所釋放出來的訊息，進行立即的輔導，協助其建立健康、正確的思考模式。

## 七、結語

思考模式是一個人行動的指導原則，有什麼樣的思考模式，往往就會產生什麼樣的行為，直接決定一個人的生活內涵，也決定一個人生活的苦樂禍福。思考模式的孕育與涵養的確重要，值得我們用心和重視，更是班級經營上，不可忽視的重要內涵。

本文原載於《班級經營》，第1卷，第4期，民85年10月。

# 談情境知覺與班級氣氛

## 一、楔子

　　原本隨身攜帶斧頭砍柴的樵夫，總覺得帶著斧頭上山下山十分麻煩，有一次，在砍好柴時，臨時起意，將斧頭藏在山上一個隱密處。下山後，樵夫把「斧頭藏在山上」這一件事，忘得一乾二淨，想再砍柴時，遍尋斧頭不著，懷疑是鄰家小孩阿德拿走了，要不然，這個孩子這幾天怎麼看起來總是賊頭賊腦的，本想大興問罪之師，總覺得缺少證據而作罷。

　　這幾天，樵夫再上山，勾起回憶，才在草叢中發現自己所藏的斧頭。下山再看到阿德時，卻覺得這個孩子斯斯文文的，怎麼看都不像個賊，幸好，當時沒去問罪。

　　「樵夫把斧頭密藏山上，並非小孩偷走斧頭」是一個客

觀存在的事實，是個已然實然的情境，當樵夫再發現斧頭，回憶事況的來龍去脈時，清楚地顯示，一直不變的是情境，改變的只是樵夫的心境和知覺而已。心境不同、知覺有異，感覺到樣子或顯示出來的言行氣氛，就完全不一樣，比如：老師同樣的叮嚀，有些孩子覺得是囉嗦，有些孩子覺得是關愛，囉嗦和關愛是不一樣的感覺，當然形成不同的班級氣氛。原來，人透過對情境的知覺後，才決定其反應的行止，然後，這些反應行止才融會成所謂的氣氛。

因此，無論如何努力規畫設計班級情境，每一個人都以「情境知覺」作門閥，來顯示、調理感覺的差異，再形成班級氣氛的種類、強弱和濃淡。

## 二、名詞釋義

什麼是「情境規畫設計」、「情境知覺」、「班級氣氛」，底下是簡要的操作性說明：

### 1. 情境規畫設計

師生對班級或教室物理環境、心理環境，或教學活動內容之構想。

### 2. 情境知覺

師生對所處教室或班級或其他學習場所之了解或自我覺

察。

### 3.班級氣氛

　　是師生對班級或教室了解、知覺後所產生的綜合感覺。

## 三、班級氣氛的重要

　　一般而言，理想快樂的情境，配合積極、正面的情境知覺，容易形成良好的班級氣氛，學生才會喜歡班級、喜歡學校，也才容易引導學生快樂有效的完全學習。楊國樞研究指出，班級氣氛快樂與否，對學業成績有影響，班級氣氛愉快的學業成績比較好，反之，則較差。其實，就觀察所得，班級氣氛好，同樣有助於德育、群育、體育、美育的有效進行，對減少學生非必要之挫折，激發學習動力，形塑良好的人格特質和價值觀念極有裨益。難怪杜威要說，真正的教育重點不在於教學，而在於形成一個適合的學習情境，如此可見教學情境規畫設計以及引導情境知覺的重要性。

## 四、如何輔導情境知覺

　　既然情境知覺決定學生的言行和情緒反應，個別學生言行和情緒反應的累積形塑這一群人所在的班級氣氛，班級氣氛影響班級學習的效果和產值，情境知覺的輔導當然重要，

是班級經營的重要工作。怎麼做比較容易收到效果,我想方法一定很多,底下所談是作者的經驗和建議,請大家參考指教。

## ㈠真解、真覺

真正並精準了解情境的真象,再引導作正面的知覺,避免只知浮象、表象或假象,才不會有錯誤的反應,比如:孩子是不是真的偷了斧頭;媽媽的嘮叨,的確是愛的表現……。

## ㈡善解、善覺

凡事引導學生往好處、善處去想、去感覺,避免惡解,往往會令人舒服些、好過些,氣氛自然會好些,比如:某生對班務意見多,應該是關心班級、喜歡班級,是負責的表現,而不是找大家麻煩……。

## ㈢美解、美覺

凡事能往美的一面、溫暖的一面來解說、感覺,所謂笑望青山山亦笑,自然有助良好氣氛的營造。比如:老師勉強學生每天跑運動場二圈,是希望學生養成運動的習慣;老師要學生碰到師長要行禮,是要幫忙學生養成禮貌習慣……。

## ㈣正解、正覺

尋求正解，避免誤解，引導對情境作正確的了解，形成正確正面的感覺。比如：方向比努力重要，友誼比分數重要，讀書重要，社團活動也重要……。

老師能善用機會、創造機會，引導學生了解真相，並加善解、正解、美解，往正面去知覺、反應，師生間、同學間接下來所顯示的互動策略、互動方式自然就容易和諧和樂。因此，千萬別錯解、誤解和曲解，也別錯覺、誤覺和曲覺，教室的氣氛就會好了。

## 五、老師的「心」準備

希望引導孩子以「真」、「善」、「美」、「正」來知覺情境，老師需有「輔導心」來「成人之美」、「成班之美」，輔導心包括以下幾種：

## ㈠分別心

佛家主張人生不宜有分別心，但是教學和輔導時，在策略運用上強調的卻是分別心——也就是掌握個別差異，開發每一個學生的根性，從其所能、所長開始加以啟動、輔導。就班級經營和情境知覺來說，逆境或挫折仍然是輔導的好線

索，壞的情境，還是可以根據個別差異的需要，引導好的情境知覺，形塑好的班級氣氛。

## (二)執著心

孩子是未成熟的個體，可能意志不堅、思慮欠周，可能屢勸屢犯，好的習慣，老是難以養成。老師需要執著的心，一遍再一遍的教導，有時教化之功，常常不是三遍五遍，而是三年五年的事，甚至於畢業幾年了，忽然來一封信說明他的領悟和對老師的感謝之意，這也正是老師需要耐心和執著的原因。老師有充分的耐心來引導班級，班級的氣氛自然會比較好。

## (三)寬容心

有容乃大，空間大、不擁擠、彈性大、磨擦小，處在這種狀態下，心情容易舒暢，氣氛當然會好。師生有寬容心，相互體諒，計較就少，誰多擦一扇窗，午餐時誰的雞腿較粗大，就不會成為問題。

## (四)慈悲心

慈悲是樂、慈悲最美、慈悲最能感人，老師有這樣的心來引導孩子們也用這樣的心來相互對待，來知覺所面臨的問題和獨處的情境，班級氣氛自然會好。

## 六、結語

　　總而言之，情境不變，只要心境一變，知覺感覺就有不同。由於內心知覺、感覺不同，所釋放出來的情緒反應自然不同，情緒反應不同，表現出的言行也就不一樣，每一個班級成員的情緒言行綜合混成班級情緒和氣氛。因此，班級經營上，益加突顯老師輔導、引導學生知覺的重要性，老師懷著「分別心」、「執著心」、「寬容心」、「慈悲心」，來引導孩子們對班級情境作「真」、「善」、「美」、「正」的了解和知覺，進一步誘發、肯定並尊重人的個別差異性，堅守原則又能有寬容的心保留彈性，以慈悲的心喜歡自己、喜歡別人，喜歡自己可在的環境和情境。如此，以積極、樂觀、光明、正面的情緒和言行，共同形塑有助於學習的班級氣氛，正是所謂：水能載舟，亦能覆舟，全看水手駕馭；情境可以令人昂揚進步，亦能令人消沈退縮，全看個人知覺。君不見有人在逆境中愈挫愈勇，有人在逆境中消聲匿跡，可見老師經營班級，引導學生情境知覺形塑良好的班級氣氛是何等重要了。

　　本文原載於《班級經營》，第 3 卷，第 1 期，民 87 年 1 月。

# 有溝不一定會通？
## ——親師溝通的理論與實務

## 一、前言

　　「溝通」近年來成為一個耳熟能詳的名詞，按辭海的解釋，溝通是「疏通意見，使之融洽」，如以英文communication 來說，則含有分享、分擔（to share）或建立共識（to make common）的意思。謝文全（民76）認為，溝通是個人或團體相互間交換訊息的歷程，藉以建立共識，協調行動，集思廣益，或滿足需求，進而達成預定的目標。因此，親師溝通，即是老師與家長間相互分享學生的生活、學習訊息、觀念、建立教導共識，共同引導孩子發揮潛能，邁向學習目標的具體做法。賽蒙曾明白指出，沒有溝通即沒有組織，同理，親師間沒有溝通，就容易欠缺明確的生活學習方向，也容易模糊了生活學習的焦點，不利於整體學習的進行。本文

擬分親師溝通的理論、溝通的原則、溝通的策略、溝通的方式與溝通注意事項等作簡要說明。

## 二、溝通的理論基礎

親師溝通的理論基礎，建立在法理、心理和學理之上，茲說明如下：

### (一)法理基礎

親師溝通的法理基礎，建立在學生學習權和父母教育權的兩個向度上。一九八五年聯合國科教文組織，第四次國際成人教育會議宣言指出「學習權就是閱讀和書寫的權利，提出問題和思考問題的權利，想像和創造的權利，了解人的環境和縮寫歷史的權利，接受教育資源的權利，發展個人和集體技能的權利」；宣言中同時確認學習權是基本權利之一，由於身心發展尚未成熟的兒童，無法單獨主張學習權利，其學習權自應由父母協助或代為主張和執行，為達成此一目的，良好有效的親師溝通，以充分了解父母的教育期望和主張，自有需要。

### (二)心理基礎

就心理而言，溝通的起因、歷程、內容和結果，牽涉到

雙方的動機、態度、知覺和意見，溝通的內容切合收訊者的動機、期望；或收訊者對溝通內容已充分作好接受的心理準備，或有意向來承受；或收訊者清楚明確地感知到溝通內容的意義和本身之切合性；或溝通的內容已接近收訊者對該事項的意見時，就容易達成共識，反之則反。因此，心理意向之具備是溝通成功與否的重要基礎。

## ㈢學理基礎

學理指的是學習的原理。貝克（Becker, 1971）認爲父母就是老師（parents are teachers），就整體的學習歷程而言，父母的確分擔或執行了許多教師的工作事項。反過來說，老師在上課時間上，也承接了父母許多生活照顧和指導的責任。如果說「教師就如父母」（teachers are parents）也不爲過。因此，父母在學習權、教育權上的主張，老師有機會作完全的了解，自有助於學習的順利、有效進行，在學習上，教學已成爲親師共同的事業，親師如能真確把握學習者的學習要求、學習主張，並配合執行施教，才能使學習者獲得最佳的學習成果，因此，親師溝通，自有絕對需要。

## 三、親師溝通原則

### ㈠主動原則

親師溝通係基於需要、必要、急要而來，重在時機的把握，親師雙方都應知覺到需要而主動出擊，進行溝通。

### ㈡權變原則

溝通內容的表達和溝通方式的運用，宜因應收訊者的程度和背景而作不同的權變選擇。對知識水準較高者，宜採兩面俱陳的方式，就溝通內容正反分析、呈現，引導參酌，比較容易被接受，對程度低者則以單面陳述方式較佳，有時訴之感性，反而易生效果。

### ㈢機動原則

溝通重在時效，重在機先，適時運用才能收效，因此，掌握機動，十分重要。

### ㈣合理原則

有理走遍天下，無理寸步難行。溝通內容方式應力求合理，合理通常來自於專業的導入，高度的專業考量是家長接

受的最大保證。

## ㈤明確原則

溝通的語意、內容，力求明確，尤忌模稜兩可，才不致扭曲、誤解，橫生枝節，影響溝通成效。

## ㈥符合原則

溝通的內容、方式，須能和收訊者的生活背景、文化理則或經驗相符，才容易獲得共鳴和認同。

## ㈦因勢利導原則

因勢利導是指以收訊者的起點認知、態度、動機、意見為基礎，予以接納、引導、說明，進而說服的方式，可以減少心理的抗拒，增加溝通成功的可能。

## ㈧有效原則

溝通奏效，溝通才有意義，因此，如果所用的溝通原則、策略和方式都未見其效，就要考慮更換。

## ㈨焦點原則

工商社會，大家忙碌，溝通時應有焦點才能節省時間、精力，獲得實效。

## (十)都贏原則

溝通要有讓步妥協的準備,積極尋求雙方可以接受的平衡點,以雙贏為溝通的目標。

## (土)尊重原則

溝通旨在謀取共識,不在示我之能,更不在打倒對方,因此,要顯示誠意,彼此尊重。

## (圭)先後原則

事有輕重緩急,本末先後,宜先掌握。此外,據研究指出,我們在聽過讚美言詞之後,比較容易接受逆耳的批評。因此先向家長說明學生的優點,再提出希望家長共同消弱的缺點,比較容易收到預期的效果。

## 四、溝通的策略

## (一)釋出有價值的訊息

人對訊息有選擇的傾向,有價值有建設性、和學生相關的訊息較能獲得家長的信賴和接受,例如:孩子的功課、編班、生活狀況……等。

## ㈡引導家長參與

參與即為有效的溝通策略，透過參與可增加了解，尤其是在加入決策，分享苦樂後，快速產生理性的了解和感性的認同，最能收到溝通的效果，如愛心媽媽、導護媽媽對學校的支持等。

## ㈢公開鼓勵、認同參與家長的貢獻

人人都喜歡受人稱讚，人類本質中最殷切的需求就是被肯定，家長參與學校的活動或認同溝通的內容時，老師立即給予激勵和表揚，可以增加或擴大溝通的效果。

## ㈣傾聽

傾聽對方談話，代表尊重、用心、在乎和接納，是很好的溝通策略，容易導致相互支持的結果，達成溝通的目的。

## ㈤使用開放性的談話

使用此一策略，可以留給對方較大的空間，做出較多的回應，雙方更能彼此溝通了解，引起共鳴和認同。

## ㈥運用語言的魅力

「心歹無人知，嘴歹尚厲害」，好話一句是春暖，壞話

一句變嚴冬，善用語言魅力，溝通效果大。例如：「這個活動就數您最有經驗了，您的點子最多最好，不找您又能找誰呢？」

## ㈦善用有效的方法

好的方法常能事半功倍，產生「點心」或「四兩撥千斤」的效果，一下子縮短彼此間的心理距離，收到溝通的效果。

## ㈧運用多元化的溝通管道

多元較能完整周延，累積出較大的溝通效果，做簡報時，有文字介紹，有圖表佐證，有良好情境，有擅長表達的簡報人……溝通效果自然較好。

## ㈨使用魅力點子

魅力品質令人窩心，魅力點子令人感動，容易產生溝通效果。母姐會前，讓孩子用心準備媽媽或姐姐喜歡的點心、飲料，適時的讚美、溫馨的卡片……等，溝通起來會比較順暢。

## 五、溝通的方式

溝通的方式很多，例如開會、使用聯絡簿、寫信說明、卡片致謝、電話說明、登門拜訪、邀請見面、郊遊會商、參加成長團體、聚會演講……真是不一而足，都可權變機動運用。

## 六、溝通注意事項

㈠您不能從辯論中獲勝，一個人如果口服心不服，他的想法還是不會改變，因此，要想辦法感動他，不是說服他，證嚴法師常常是這樣。

㈡尊重對方的意見，切勿說，你的想法錯了，你落伍了，您只能慢慢引導他去發現自己的不是。

㈢自己要有充分的準備，再作理性坦誠的溝通，如果發現自己錯了，要立刻承認、修正。

㈣一切都是為孩子的學習和成長，親師的基點一致、方向相同，有的只是方法不同而已，方法是可以商量的。

㈤這一次的溝通合作是下一次溝通合作的基礎，一定要相互留下好印象。

㈥不要為難孩子，否則溝通就失去意義。

## 七、結語

走過威權，進入民權，在溝通運作上，也由說了算數的「宣達模式」，經由「宣導」再進入平等的「溝通」紀元，一路走來，各有不同的滋味，產生不一樣的效果。在親師溝通上，我們同樣知覺到時代的變遷，因此，親師溝通的基本理念、溝通原則、策略、方式都必須做必要的調整，才能產生效果，尤其，有「溝」，不一定就會「通」，原則和策略的運用，以及雙方心態的調整是不可忽略的。

## 參考書目

Becker, W. (1968). *Parents are Teachers. Champaing,* III: Research Press.

謝文全（民76），《教育行政——理論與實務》，台北市：文景出版社。

本文原載於《班級經營》，第2卷，第1期，民86年1月。

# 船底寬‧船不翻
## ——兼談 E.Q. 與 C.Q.

## 一、楔子

少年郎在KTV自覺受到言語歧視，於是買來汽油在樓下縱火燒機車洩恨；十字路口，紅燈停車，綠燈才亮，後面的車子就按喇叭催行，引來前車不快，就地幹起架來；學生月考不夠理想，父母輕責兩句，就跳樓輕生，這是E.Q.問題的顯現。

到單位洽公，執事先生或搬出陳年法規，或死抱法令，真是令人氣短；老長官老同事，陳年不變的叮嚀，真叫人徒呼奈何！這種缺少變通，遲滯不前的現象，是C.Q.發展的不足。

## 二、問題所在

　　傳統社會中，文憑至上、學歷爲先的價值觀，加上當前社會公私機構對文憑學歷的過度重視，使得分數幾乎成爲學生努力的唯一目標，升學成爲學子盲目、狂熱追求的唯一理想，學習過程幾乎只重視智育，追求分數，甚至造成惡性競爭，忽視人格的完全發展，以及情緒的應有教育。因此，有些學生也許很會讀書，卻不見得會生活；也許很會考試，卻不見得會思考；也許常考第一，卻不一定活得愉悅、滿足。這些情形，從「公民道德」考一百，「駕照筆試」得滿分，而交通照樣亂，「優秀」學生自盡個案，以及整個社會的亂象可以窺見其嚴重性。

　　要之，台灣學生的考試能力、答題技巧，的確受到國際的肯定，但是台灣學生的創造力卻發展不足，學生間成績好壞也極爲懸殊。以一九九二年一項國際十三歲組數學教育評鑑來看，從前百分之十和後百分之十的表現來比較，其懸殊情形，台灣是居於二十國之冠，這種畸型現象，值得重視。這種結果當然不是來自於單一原因，如果以家庭教育、學校教育、社會教育來看，這三大領域都有可檢討之處。這樣的了解是要說明每一個學生學習結果的好壞，受到周遭或學習過程中，分處在家庭、學校、社會中不同成員或因素直接、

間接的影響。因此，教育或受教育，其實是不可忽略到每一
個接觸的個人或環境的，這是爲什麼本文主張「船底寬，船
不翻」的道理。不過，限於篇幅，謹就近來很受重視的 E.Q.
和 C.Q.略述若干淺見，提請參考指教。

# 三、E.Q.比 I.Q.重要

　　E.Q.簡稱情商（就像 I.Q.稱爲智商一樣），是近年來的
熱門話題。

　　哈佛大學教授，心理學家霍華嘉納（Howard Gardner）
認爲：「一個人最後在社會上佔據什麼位置，絕大部分取決
於非 I.Q.的因素」。大提琴家馬友友，在赴機場途中，汽車
爆胎，他仍能悠閒拿出琴來，在路邊練海頓協奏曲；高溫超
導體科學家朱經武，從不爲小事煩惱，許多事情，只在他心
門繞一小圈就出去了；美國國務卿克里斯多福說，他從不生
氣，除非有需要。這些都是高 E.Q.有助於他們成功的例子，
E.Q.可以解釋，同樣 I.Q.的人，何以有非常不一樣的成就，
E.Q.是使我們成爲圓融完整的個人之重要因素。

　　精神醫學家兼卡內基總裁大衛漢堡（David Hamburg）認
爲，「能夠延遲滿足，懂得待人接物，善於控制及抱持樂觀
心態」，就具備了高的 E.Q.。這樣的人，凡事包容，凡事再
思，富有同理心、自制力、能作全方位的思考、社交能力極

佳、愉快而善於自處處人，不是一個「一點就著」的人，因此容易受到歡迎和尊重。

因此，父母對子女，學校對學生的教育，社會對國民提供的情境，就必須考慮擴大其學習內容，跳脫傳統只重知識，甚至分數的舊規，引導學生適性的發展。這當中，尤其是情緒的學習、發展有關鍵期，大衛認爲初入小學及小學升中學是孩子兩個較重要的情緒調適期，經過此一時期，就不好彌補，值得父母和師長特別注意。

## 四、C.Q.促進社會進步

C.Q.就是創造力商數，簡稱創商。根據專家學者研究，整個人類之所以能日有進步，多導因於人類特有的創造發明和推陳出新的能力。整個人類的文化史，可以說就是一部創造史，創造能力愈好，進步幅度愈大，生活品質也愈好，此可以從電話、冰箱、電視、電腦……的出現，大大改善了人類生活品質來證明。

不過，台灣由於升學主義的關係，公平成爲大家最在意的評比基準，常常爲了追求公平，犧牲了許多重要的學習內涵，如創造力就是其中非常重要的項目。

愛因斯坦曾說：「想像力比知識更重要」，想像力就是創造力的重要成分，有了想像力和創造力，就可能有許多發

明，可以解決許多現有的問題。在創造心理學和認知心理學的文獻上，常將創造與解決問題兩個名詞交互使用。因此，發明新事物，提出新點子，想到解決問題的方法都是創造力。發明不會刺傷人體的安全別針，提出公車專用道，構思飆舞的作法，改善垃圾蒐集辦法，甚至改善不良的人際關係……都是創造力的具體表現，不但有實質效益，更可添加生活情趣。

　　C.Q.的發揮，也可以改變我們的學習型態。比如，針對填鴨、硬塞造成學生吸收過量、消化不良，甚至於罹患厭學症，至畢業後不肯再學習的現象，就可以運用想像力來啟發孩子的學習興趣，培養小孩做個終生的學習，以因應社會變遷的需要。

　　本文強調平均發展、均衡學習的重要，以當前的思潮來看，就是除了I.Q.以外，要再強調E.Q.和C.Q.的學習，在做法上，要從家庭教育、社會教育再加上學校教育一起著手才行。

## 四、邁向完全學習

　　一把刀如果只有銳利的刀刃，沒有刀柄，就很難淋漓盡緻的發揮刀的效用；反之，徒有刀柄，沒有刀刃，自不成為刀。一位醫師，如果只有醫術，也很難成為好的醫師，他必

須有好的醫德或E.Q.才行；反之，只有好的E.Q.沒有醫術，也不成爲醫師。而C.Q.則是改良刀子，發明醫法、醫藥、促進社會進步不可或缺的因素。

總之，人類正常快樂的日常生活，需要寬廣的知能，也就是依憑I.Q.、E.Q.、C.Q.衍生而成爲能力——比如豐富而現代化的知識、團隊合作、成熟穩定的情緒、挫折忍受力、延緩滿足的能力、良好的溝通技巧、創意小點子、生活問題解決能力……真是不一而足。我們可以這麼說，生活上所要的能力儲備愈多，生活就愈能平穩快樂；欠缺愈多，生活就愈不能安穩，甚至於會有困擾、痛苦，或有陷入危機的可能。因此，引導完全學習，建構「船底寬，船不翻」的學習態度和結果，的確有必要。讓我們兼顧家庭、學校和社會教育，讓我們做好 I.Q.、E.Q.、C.Q.的教學，也讓「學習內容」、「學習目標」能和生活內容、生活目標做必要的結合，更要讓孩子們學得快樂、有趣而有用，至於做法方面，留待以後再討論了。

本文原載於《台電同心園地》，第48期。

# 延緩滿足　耐心等待

## 一、I.Q.無法定奪一個人的成就

　　據悉人生的成就，頂多只有百分之二十歸諸於 I.Q.的因素，哈佛大學教授霍華‧加德納（Howard Gardner）也認為：一個人在社會上的成就，大部分取決於非 I.Q.的因素。研究者更進一步明確地指出，這些非 I.Q.的因素，可以通稱為 E.Q.，透過對 E.Q.的了解，心理學家可以預測兩歲的幼兒，在十七歲時會不會成為罪犯，夫妻在幾年內會離婚，重病病患的存活年限；甚至於企業領導人的前途……等，E.Q.似乎可以用來解釋同樣 I.Q.的人，為什麼會有不同的成就。

## 二、E.Q.係人的人格特質價值觀念、指導決定

　　E.Q.好神奇啊！E.Q.是什麼？E.Q.是一個人的情緒智慧

（Emotional Intelligence），是一個人的人格特質，是一個人的價值觀念，是一個人在日常生活上，作一連串決定時，常常影響作決定，甚至於指導決定的因素。具有高E.Q.或有良好情緒智慧的人，能夠延緩滿足，善於調理、控制自己的情緒，也較能抱持樂觀的心態，凡事盼望，凡事能作適時的等待，作出合理性的決定。

有關E.Q.和延緩滿足、耐心等待的重要，《情緒智慧》（Emotional Intelligence）一書的作者丹尼爾・高爾曼（Daniel Goleman）曾提到一個史丹佛大學的實驗，實驗者以教職員四、五歲的子女為觀察對象，他們在孩子面前擺一塊糖果，再告訴孩子們，可以立刻拿這塊糖果來吃，但僅此一塊，也可以選擇出去做完一件事，回來時，就可以吃兩塊糖。研究者記錄了選擇立刻吃一塊糖和出去工作再回來吃兩塊糖的小朋友，十多年後，發現這些參與當年實驗的學生，在學術性向測驗（S.A.T.）的結果上有了顯著的不同，當年立刻吃一粒糖的小孩在 S.A.T.下的得分，比願意去做事，吃兩塊糖的小朋友的得分，要少一百～二百分左右。

實驗中，立刻拿一塊糖吃的小孩，輕忽等待，著重的是立即的滿足，他們看不到或不願意、不期望、不等待另一顆糖；願意出去做一件事，再回來吃兩顆糖的小孩，他們看得到或情願付出較長的時間、體力，延緩滿足，迎接遲來而較大的滿足。兩種人對事情的取捨心態，果真影響到其他事況

的發展，此種取捨心態可用來決定、預測其他更多事況的可能結果。看來，由於情緒運用或價值導引的不同，的確造成是否有耐心、有遠見，去選擇更複雜或難度較高的選項的重要關鍵。

E.Q.或延緩滿足在人生旅途上，既然這麼重要，而這樣的能力或特質能不能培養，能不能教育呢？按心理學者的看法，答案是肯定的。

記得四十年前，台灣經濟尚未起飛，多少孩子想要吃一支冰棒，常常要期盼、等待好久。有些人也許要曬幾個小時的太陽，流多少汗，耐心地從人家採收過的甘藷田中努力翻找甘藷，再去換來一支冰棒吃。從他們吃冰棒的神情，慢慢用舌頭品嚐的動作，可以感受出他們對冰棒好珍惜；又如飯盒中難得有雞腿吃，多少人總把雞腿留到最後才吃掉，……這樣的生活，這樣的體驗，這樣的學習，無形中，他們學會了等待、忍耐，也學會了延緩滿足和對挫折的忍受。當今的孩子，由於生活富裕，幾乎所有的人打開冰箱，冰棒、冰淇淋、雞腿……應有盡有地立刻呈現眼前；吃飯盒時，常見到是先把菜吃了，如果還沒有吃飽，再吃幾口飯。這樣的生活，這樣的體驗，這樣的學習，多少孩子失掉了學習等待、忍耐的機會，多少孩子失去了培養延緩滿足、挫折忍受力的可能。難怪，多少人一不順心就有情緒，就起衝突，也無怪乎，十字路口，紅燈轉綠燈的瞬間，排在後面的車子就同時

按喇叭催行了，其他如：沒錢用時，興起「偷比借快」、「搶比賺快」之歪思，甚至付諸行動而成為事實。

因此，為了培養良好的 E.Q.，培養等待和延緩滿足的習慣，本文提出幾個粗淺的想法，供大家作為思考的參照：

㈠凡事應從大處、遠處、高處來著眼，避免眼前的快感和功利。

㈡凡事提醒耐心的等待，不要求立即到手或立即滿足。

㈢凡事容許期待、容許盼望。

㈣培養挫折忍受力，所謂人生不如意者十之八九，樣樣順心如意是不可能的。

在前述小孩吃糖的實驗中，的確驗證了「延緩滿足，耐心等待」的重要，讓我們先引導並使孩子接納延緩滿足的觀念。其次，要儘量創造或安排延緩滿足的機會，引導孩子練習享受延緩滿足所帶來的更大滿足，進而幫助孩子養成延緩滿足的習慣。當然，也要注意掌握滿足的時機，避免等待太久失去耐心而放棄。

總之，就像餓肚子的人，雖粗茶淡飯，也如山珍海味一樣，延緩滿足所帶來的滿足，比較容易獲得珍惜。具備這種涵養和習慣的人有福了，他懂得凡事盼望，凡事期待，凡事忍耐，不發怒、不鼓躁、不吵架，人生道上和諧快樂多呢！

本文原載於《台電同心園地》，第 49 期。

# 參考書目

張美惠譯，Daniel Goleman 著（1996），E.Q.（Emotional Intelligence）。台北市：時報文化。

第四篇

學校經營的心念

# 松城懷思
## ——服務松山家商感言

　　錫津於民國八十年四月十五日投入松城懷抱，正式成爲紅沙崗家族的成員，有機會和大家共同耕耘這一塊園地，真是榮幸，旋於八十四年三月十五日奉調台北市政府教育局服務，松城生活歷時四載，沙崗點滴，松城種種，在人生旅途中留下了深刻無比的記憶和懷思。

　　記得在調職確定，人事命令尙未下達的體拜一早上，有位亦如同學，就在籃球場，悄悄地塞過來第一封帶有幾分離愁、情思感人的信箋，表達了她初入松城，對於「舊舊的校舍」牽引出對學校存疑的情緒，自然引發了我對松商古早的記憶。當時，我也是這麼認爲，「學校好不老舊哩！」還好，轉念間，一經細思，老舊代表歷史、代表歲月，而歷史傳承經驗，歲月往往隱藏豐富的記憶，記憶最能觸發思古之

幽情,實在是修心養性學習教化的好所在,心念一轉,立刻就喜歡上了松商,喜歡她的古舊,喜歡她的自然和樸拙。亦如同學深具慧根,她說,聽了開學典禮時校長一席話,以及正式上課後和老師、同學的接觸,才三天,「已愛上了松商」,「覺得松商是最好的高職」,很快的就「以身為松商人為榮」,此種初識松商的感覺,和心路轉變的歷程,怕是很多松商人共同的經驗吧!

的確,外在美醜早有定酌,或須求之於人,未若內在如何,多在自我方寸之間。我愛松商,松商愛我,松商什麼好,為什麼好?好在她的古舊?好在她的親切自然?好在她的品味內涵?或是好在您可以用心去品嚐、體會?好在您可以親自灌溉、耕耘?是不是也好在她的活潑、開放、自由與包容,可以任您奔放馳騁?或是好在生活其中的每一位老師同仁的親切用心,同學的溫文、用功、活潑有禮?好在每一位伙伴同學都能從生活中求取些許心靈的收穫?我想都是,也都不盡然是。當然,登上紅沙崗,步入松城門,成為松商人,一定可以說出一打愛松商的好理由,如果有人逼急了,回說「只因為我是松商人」大概是最示嬌古意的理由了。

松商四年,大致上我們用盡心思努力地做兩件事,一件是營造空間,另一件是提供學生多元化的學習機會。

先說營造空間。我們一直深信杜威的主張:真正的教育不在於教學,而在於營造可供學習的情境,情境應該就是空

間了。因此,我們首先期盼每一個人都能彼此釋放出合理而足夠的空間,在這個空間原則的誘導下,校長有校長的空間,行政人員有行政人員的空間,老師有老師的空間,學生有學生的空間。然後,我們再聯合大家進一步構築空間裡頭的快樂成分,使它成為快樂的學習空間——就是營造出快樂的校園,也呼應哈佛大學槐茵教授所說「學習就是要學習如何營造快樂」(To learn is to learn to have fun)的最佳原則。於是乎,我們鼓吹多元價值,我們宣稱讀書不是唯一重要的校園活動,考試考不好不是最嚴重的事。在這種理念的引導下,我們當然鼓勵讀書,我們同樣倡導活動,我們更積極提供活動的機會和舞台,希望每一個人都可以在自己的空間裡頭馳騁發揮。於是,我們看到同仁同學各就各位,憑藉自己的專業、興趣,運用自己大筆彩繪了松山家商快樂學習的天空,KTV、惜福商區、撞球場、書香園、別緻的畢業典禮、不一樣的校慶、引人注目的校園媒體、不用「紙筆」的測驗,甚至於特別為學生行走需要而鋪設的步道,晚到非遲到……逐一出現。老師們的讀書會、氣功班、舞蹈班、羽球社、桌球社,乃至於辦理聯招、負責區運表演,以及專案研究、出版學報、通訊·不時的傳輸參考資料……也都一一出籠開辦,形成了多樣、忙碌、充實可愛的校園景觀,為中學教育、大學管理做了開步的工作。

　　再談,提供學生多元化的學習機會。我們深知學生是逐

漸成熟中的個體，個別差異很大，有人長於思考、喜愛讀書，有人喜歡數理，有人愛好文學，有人喜歡操作，有人喜歡幻想，有人喜歡游泳，有人喜歡珠算，有人喜歡唱歌，有人喜歡樂儀隊、啦啦隊……。因此，我們除了提供讀書機會，也要設計各種不同的社團，讓具有不同喜好的學生，在自己擅長的領域裡，有機會領其風騷、贏得掌聲、求取自己的成就和快樂。我們深信，常常有成就感、快樂感的孩子不會變壞，所以，我們開放社團活動，歡迎社團表演，帶領學生出國，支持游泳、桌球、體操成隊，我們安排學生服務，參與表演、遊行……。當然，參與的師生，平日的辛勞付出，其辛苦自不在話下，但是活動增長智慧，互動磨鍊社會技巧，青春就不要留白，我們就是期盼松城少主，短短的三年四載能夠留下鮮明、紮實、有價值的寶貴回憶。

這些年來，衷心謝謝大家一起充實了城堡空間的內容，彩繪了城堡的秀麗，為松城加注活力，引燃了青春的生機；更感謝大家體會學生犯錯是學生成長進步的機會，不是受罰的要件，釋出感人的空間，掌握機會、運用機會、甚或創造機會來引導學生、教化學生，才能轉化學生學習的歷程，提昇學生學習的可能。紅沙崗是一塊福地，自然秀麗，極具山水之美，不但深有人性，且能顯現和諧親切的風貌，生活其中有種安詳悠然的感覺。錫津生活其間，雖然只有四年，已是一段非常珍貴美好的回憶。感謝松城和松城所有伙伴、同

學，伴我、助我、領我前進成長，我們曾經一起歡笑、一起流汗、一起深思、一起研討，松城的山水滋潤了伙伴的心田，也造就了每位伙伴的成長，融匯出咱們共有的記憶，真是滿心的感動和感謝。

　　走過的必留下痕跡，用心過的形成記憶。茲值松山家商創校四十週年大慶，忝爲松城一份子，本「一日松商人，終生松商人」的深切情懷，略誌數語，表達懷念感謝之意。願松城景色永遠自然秀麗，松城主人永遠親切可愛，願大家永遠健康愉悅，同學穩健謙和進步，願我們彼此都能「給人希望，給人信心，給人歡喜，給人方便，給人方向，給人方法」。同爲松商人，何其有緣，何其榮幸，何其驕傲，且讓我們齊聲高呼「青春、汗水、快樂、希望」、「松山家商、校運昌隆」。

　　本文原載於《松山家商四十週年校慶專輯》。

# 建中世紀之光
## ——與建中共渡百年慶感言

　　百年好合，百發百中，百戰百勝，一百年一世紀，百年象徵吉祥、完美、如意。百年校慶多麼珍貴！能陪伴建中歡度百年校慶，更是福氣。早在半年多前，籌備小組就商議好，要合力編輯一本不一樣的紀念文集——《建中世紀》。

　　「建中世紀」有幾種涵義，建中創校一百年紀念文集，是其一；建中在前輩師長學長經營下，締造佳績，已有百年歷史，是其二；建中從今年開始，邁向另一個新世紀，有待全體建中人繼續努力開創，是其三；建中人乃時代精英，世世代代建中人都負有開創新世紀的使命，是其四；建中人恆久負責開創世紀，做時代先鋒，是其五；……每一種涵義都代表部分意義，但都尚難完全涵概「建中世紀」。我想建中人多屬豪傑型人物，每一段歷史的締造，都有建中人的汗漬

和智慧，這是值得我們驕傲和欣慰的。

　　建中誕生一百年，與浩瀚的歷史來比，固未足道，但也累積了三萬多個日子，培育了八萬多精英人力，散居各地，各領風騷。我們校區完整，也有相當規模的校史室，室內但見琳瑯滿目的獎杯獎牌，國際交流的紀念品，歷年各種藝文刊物，真令人發思古之幽情。遙想當年學長年輕英挺、意氣風發、聰慧非凡、力圖上進的風貌，以及風聲、書聲、跑步聲、叱喝聲、聲聲入耳的熱絡感覺，也依稀看見振筆疾書、屢屢奪魁，駝客沙漠飛奔達陣、抱得錦標歸，昂揚帥勁的諸多風光史蹟。這些對一個晚來百年的後生，畢竟有幾許抽象，有人不禁自問：建中百年的歷史是什麼？在哪裡？紅樓代有人才出的光鮮，當然可喜，只是一位後生晚輩，又從哪裡去夢尋紅樓的百年史脈，或系統化的歷史記載呢？

　　這樣的提醒，給我們許多沉思和警惕，往者當已矣！來者尚可追，對過往和未來，我們這一代人可以做些什麼呢？我們好像有了爲建中修史立史的想法，能不能集眾人之力，就在慶創校百年之時，將百年建中作一回顧，儘可能補寫出百年歷史的輝煌，供作天下建中人回憶的寄託和展望的明鑑。這樣的工作，也許限於時空阻隔、紀錄殘缺、資料蒐集不易，我們寫下的或許不太像太史公筆下的歷史；不過，基於國有國史，學校當有校史的渴望，在各處室、各科教學研究會全力支持下，我們展現了建中人的共同意志和強烈的使

命感，大夥兒銜命分頭展開工作，矢志完成《建中世紀》的
編輯大業，真是令人感動。

　　這部《建中世紀》，當然是我們建中創校以來，歷史事
實及其演進的簡要概述，包括沿革篇、校務篇、師長篇、薪
傳篇、懷念篇、學生篇、家長篇、展望篇。分別敘述建中一
個世紀以來的生機、成長、茁壯、蛻變與貢獻；各處室各研
究會科學化、效率化、人性化、專業化的互動、成長與運
作，以及如何造就人才的狀況；歷任校長的辦學理念及處事
的風格，師長們的憶舊懷古尋思，歷屆男女校友成長奮鬥的
心路歷程，以及對建中的懷念與建言，尤其是人數不多的女
校友，編輯小組同仁都費心考慮到了。當然還要包括學生多
姿多采的社團生活，校園民主生活概況，這其中，曾獨霸全
台的黑衫軍發展史，也都有精彩的報告。最後，由校長、師
長、校友、同學描繪建中未來的發展藍圖。《建中世紀》的
編輯，系統的交代了建中的過去，詳實描繪了建中的現在，
更明晰勾勒出紅樓的未來。緬懷過去，充滿虔誠和敬意；檢
討現在，充滿謙虛和恭謹；我們策勵將來，融入了許多創意
理念和開放的胸懷。

　　這樣的編輯安排，試圖彌補許多歷史上的空白，我們特
別情商歷史科老師來擔綱沿革的部分，希望這一份代表跨世
紀的建中鉅作，有點像「編年史」，又有點像「處室史」或
「社團史」、「人別史」。在縱貫面敘述上，希望能包含百

年，在橫斷面的廣度上能包羅各方面，縱橫間可見脈絡分明，十分可喜。在籌編過程中，連現代資料的蒐集都感不易，反倒日據時代資料較為齊全，光復以後的資料則諸多散落空白，形成編輯上的困難，真是美中不足。

　　幸好，由具有史家素養和編史能力的編輯同仁克服困難，編輯完卷。小組的辛勞，令人敬佩，謝謝大家。由於受到許多工作同仁不眠不休、投入編輯的感動，有幾點想法和大家分享：

　　1.學校活動多，內容精彩又深具意義，理當隨時存檔備用，可惜實際上未必然，此次藉由百年校慶的機緣，集眾人之力，終於編成了簡易的校史，值得慶賀，值得珍惜。

　　2.從今以後，值得我們每天撥出一點時間，就自己主政的計畫、活動記下事蹟，以形成豐厚的史料，如能將校務計畫、行事曆、分項工作或活動計畫、工作報告、工作成果、工作日誌以及所有出版品，於年度結束時，分類匯集彙整都為一鉅集，年年如此，來日整理校史，就不怕沒有資料了。今年度開始，我們出版建中簡訊，報導處室工作和大小活動，就是基於這樣的想法。因為今天的新聞就是明日的歷史，這是值得鼓勵的事。

　　3.這樣的構思，是基於寫史記史的使命感，人壽有時而盡，學校則永續存在，校史亦然。如果可以辦到，使下一個百年慶時，能有豐富的史料可用，應該是我們這一代人送給

兩百週年校慶最好的賀禮了。

　　建中已經寫下了百年的霸業，由於歷屆校友的傑出表現，學校的存續，對國家社會當然有了一定的貢獻。展望未來，由於時代變遷，政府在政策上有多的調整，比如多元入學方案的推動，擬議中的高中學區制……等，對建中未來的發展勢必產生一定程度的衝擊。凡我建中人必須知變、應變、甚或求變、創變，尋思如改變遊戲規則、力求再造，打出一條新路，續執牛耳地位。

　　我們期盼透過百年校慶和社會變遷的沉思，凡我建中人重新思考學習的意義和目標，跳脫舊時代追求知識的偏狹觀念，走出象牙之塔，以完全學習、統整學習、體驗學習的策略，培養自己做人做事和永續學習的能力；同時，勇於承擔更多更重的社會責任，更多更廣的人文情懷，這樣，我們必定會有更強大的能力，更明晰的方向感，來引導社會變遷，創造社會有利的形勢，這將是我們建中人的驕傲。

　　我們感謝全體編輯工作同仁、同學的辛勞，這一部鉅作才能順利的呈現在大家的面前，我們也謝謝提供資料，接受訪談和撰寫文稿的師長校友，當然資助費用、協助出版的同仁、朋友，我們同樣心存感謝。謝謝大家。


　　本文原載於《建中世紀》。

# 創建中世紀
# 畫紅樓未來
## ——建中百年慶說建中的未來

## 一、楔子

記得「蘇菲的世界」中有一則小故事：

一個小朋友看到雕刻家正在雕刻大理石，他東敲敲西敲敲，這邊看看，那邊看看，好像在尋找什麼，小朋友十分好奇的問雕刻家：「你在找什麼啊！」

雕刻家說：「過幾天你就知道了。」

過幾天，孩子回來找雕刻家，終於發現一匹栩栩如生、英挺威武的駿馬。他非常震驚疑惑的問說：

「你怎麼知道馬躲在裡面？」

## 二、馬真的躲在大理石裡面嗎？

馬到底躲在大理石裡，還是藏在雕刻家的心目中呢？

那一塊大理石的材資、色澤、大小適合雕刻成那一匹駿馬，當然是首要條件，不過，雕刻家平日看馬、研究馬、心目中有馬，尤其是心中有一匹適如小朋友所見、栩栩如生的駿馬概念、形象，然後透過他藝術家的修養，雕刻家的靈巧的雙手，將心目中那一匹馬適如其態地投射、現形在大理石上。

教育難道不是這樣？孩子的根性、資質如何，在教育上當然要優先考慮；但是，師長父母心中存有的教育概念，存有的形象塑造模子，乃至學生心中的自我期許，準備把未成熟的孩子，教成什麼樣子，也極具關鍵性。所謂「有什麼的老師，就有什麼樣的學生。」的確有其道理。

我們心目中孩子的未來是一匹駿馬、小馬、一條龍或一條蟲，常能決定他的未來，我們熟知的「比馬龍效應」不就是說明這樣的可能嗎？可見師長父母，甚或小孩的自我期許，對小孩的未來發展是多麼重要。

## 三、教育的預期和目標

那麼我們心目中又期望建中孩子的未來像什麼呢？讓我

們從先進國家心目中期望他們孩子的未來像什麼談起，再談我們國家對孩子的期望，最後再談我們對建中孩子的期望，以及怎麼來達成目標。

當前社會變遷快速，許多國家進行教育改革，形成具體的新目標，希望這些目標能獲得全體教師的認同，形成教師心目中的圖像，用以教導學生，使之合乎預期。我們試從底下幾種說法來說明當代教育「雕刻家」心目中孩子未來的影像。

(一)聯合國教科文組織主張未來學習四大支柱：

1.學做人。

2.學做事。

3.學習不斷去學習。

4.學習與人共處。

似乎已經捨棄了以知識做為學習主體性的考量。

(二)世界教改趨勢：

1.由知識導向轉為手腦並用、學以致用的能力導向。

2.課程上，由注意老師教什麼到強調學生學到什麼。

3.由偏重在學校學習轉為打破時空限制，隨時隨地學習的終身學習。

4.學習和生活密切結合。

更明確地宣示能力導向、學習主體性和時空的轉移鬆綁。

㈢諾貝爾物理獎得主凱尼斯・威爾遜和記者出身的班奈特・戴維斯合著的《教育重畫》書中也揭示了教改的大要：

　　1. 全品質學習。

　　2. 由下而上的教師自主。

　　3. 建構主義的學習。

　　4. 合作學習。

　　5. 電腦輔助教學。

㈣梭羅認為當世界成為地球村時，教育應賦予一個人最重要的技能是：在全球各地運用自如的能力，知道怎麼玩世界遊戲。

㈤澳洲的教改更有明確的說明──主張由知識導向轉為能力導向。分別為：

　　1. 蒐集、分析、組織資訊的能力。

　　2. 表達想法與分享資訊的能力。

　　3. 規畫與組織活動的能力。

　　4. 團隊合作的能力。

　　5. 應用數學概念與技巧的能力。

　　6. 解決問題的能力。

　　7. 應用科技的能力。

　　8. 理解不同文化的能力。

可以看得出來，各國幾乎都不以「背多分」、「考滿分」、「得文憑」為教育的目標，他們集眾人之力，細密思

考後，所歸納整合出來的「能力」，才是學子要學習的部分。這些能力可以透過書本，更可以透過許多不同的活動來學習，教育雕刻家，包括師長父母。如何以這些能力存心，再透過合適、有效的學習活動，教給孩子們，是非常重要的。

## 四、我國對高中教育的期望

我們高中教育目標如何？國家心目中受完高中教育的學生應該呈現什麼樣的形貌呢？請看部頒課程標準的規定，並不以「知識」、「文憑」為目的。

㈠增進身心健康，培養術德兼修、文武合一的人才。

㈡增進溝通、表達能力，發展良好人際關係。

㈢增進民主法治的素養，培養負責、守法、寬容、正義的行為。

㈣培養服務社會、熱愛國家及關懷世界的情操。

㈤增進工具性學科能力，奠定學術研究的基礎。

㈥充實人文素養，提昇審美與創作能力，培養恢宏氣度。

㈦提昇科學素養，增進對自然環境的認識與愛護。

㈧增進對自我潛能與工作環境的了解，確立適切的人生走向。

㈨增進創造性、批判性思考,及適應社會變遷與終身學習的能力。

其次,根據行政院教育改革審議會教育改革總諮議報告書看來,「帶好每位學生」、「協助每位學生具有基本學力」,配合主體性的追求,反映出人本化、民主化、多元化、科技化、國際化的視野,希望滿足個人與社會的需求。因此,高中學校應發展青年身心,並為研究高深學術及學習專門知能作準備,還要加強學生社會適應能力,陶冶其人文素養。

以上是我們在形塑紅樓才子未來形貌時,必須先參照思考的。

## 五、建中世紀——建中未來的教育形貌

建中的未來期盼又是如何?

建中人素質優異,獨步群倫,台灣精英多集中於此,人人身手非凡,個個有理想、有抱負、有旺盛的企圖心,我們的總合期望是:

「中學教育,大學期許」。

在學段、年齡上,我們是高中,但是我們覺得師生均宜以大學的標準、氣度、學習風貌、自覺自來自我期許。

全校師生本乎「開放、多元、兼容並包」的原則,崇尚

並追求(1)自由，(2)理性，(3)尊重，(4)卓越的校園氣氛，建中人在充分自由的校園氣氛中，人人本乎自治、自覺、自律的理性原則，追求有責任感、先利人後利己的自由，發展敏銳、正確的思辨能力，堅守公平正義的原則，更要相互尊重、積極參與社團活動並勤於課業，為邁向卓越做準備。

當然，建中人並非冷血動物，我們在修為上，要本乎「先成人，後成才」的原則，培養(1)感恩，(2)關懷，(3)助人的情懷和習慣，這是人文精神的展現，也是社會責任的擔當。希望建中人愛自己，也能以感恩、關懷、助人的情懷和行動來愛別人，愛自己所生活的環境和社會。

如此，我們期盼建中人終會有足夠的(1)力量，(2)膽量，(3)度量來展開行動，邁向有用的目標。這「三量」使我們有主動做事的意願，有執著成事的本事，有積極打拚的膽量，有包容、關照的度量，做一個穩健謙和的時代紳士，真正做到「會讀會玩」、「會讀不會玩」、「不會讀會玩」、「不會讀不會玩」四類人中第一等人「會玩會讀」的有為青年。

## 六、學校經營圖像

首先，在學校整體經營上，將努力建構十大支持系統，營造創新、積極、和諧的校園氣氛，引導建中人逐步形塑期望中的教育形貌。

㈠教育理念的釋放——理念是行動的依據，也引導行動的進行、發展，期盼師長們經常釋放教育理念、生活理念來引導學生學習。

㈡價值之建構——一個人的價值觀，決定一個人對外在事物的反應，也決定他的言行，影響一個人的生活模式和生活內容，我們要協助學生建構健康的價值觀。

㈢輔導之運用——輔導用在知人、助人，力促其潛能之發展，使人快樂而有用，我們自應運用輔導的理念和策略，來協助建中人作完全的發展。

㈣行政之支援服務——行政之目的在於支援教學，希望行政部門本於服務之心，提供快速精緻、貼心、魅力之服務，以提昇整體教學輔導之產值。

㈤建物之整容——建中是百年老店，自有其龍鍾建物，本於歷史傳承和古蹟維護，校舍整容美化自有必要。使之老而不舊，或舊而不破，展現古樸之生機。

㈥設備之充實——高中宜以基礎設備為主，因此，應有足夠之教學設備，有賴主管處室、教學同仁合作來充實之。

㈦室內空間之改造——建中校舍內部空間除教室以外，大小不一，格局多樣，為求新意，可作內部布局之改造，以求舒適方便，增加多元用途。

㈧室外空間之整飾——美化綠化已有基礎，可就宿舍拆除後回收之空間，併同原有室外空間，分區規畫，酌增社交

性、休閒性之討論空間或觀賞空間、展演空間。

(九)社會資源之運用——台灣地區社會資源充沛，建中校友多執各界牛耳，未來自可多借重家長會、校友會或校友力量，提供母校精神的、物質的支援。

(十)社會脈動之把握——建中是台灣教育社會的重鎮，自不可能自外於社會環境之發展或變遷，我們應敏銳地把握、知覺社會脈動，因應變遷，甚或引導變遷。

其次，為了達成建中創世紀的目標，在經營上，我們要做到：

(一)在教學上，以學生為主體，教師為主導，透過動態、靜態的學習活動，協助學生培養自覺、自治及思辨的能力和習慣。

(二)承繼建中勤樸誠勇——讀書努力，活動用心，做事認真，做人誠懇，行動勇猛的精神。

(三)迎接二十一世紀的來到，以「新目標、新心態、新觀念、新內容、新視野、新策略」來迎接挑戰。

　　1. 新目標：學問再好、學歷再高也要回歸真實的生活，因此學習能力化、學習本事化、學習生活化是很重要的目標。

　　2. 新心態：從校長、老師到行政人員、學生，都要因應變遷，自己求新求變，不斷學習，以求精進。

　　3. 新觀念：歸零思考，以全新的生活和學習觀念來面對

未來，迎接挑戰。

4.新內容：生活上需要什麼，就要學習什麼，要真正學以致用，要學習真正解決生活問題的能力。

5.新視野：以廣角多元的方式，微觀、鉅觀還要加上統觀來掌握大小問題，因應大小變局。

6.新策略：求新求變還要求行，「working harder」固然好，但「working smarter」更有意義，因此要多開發新策略。

㈣老師們掌握時代脈動，勤於進修，都能掌握共同願景，將學生理想的未來形象存之於心，本乎教育良知和教學專業，透過自己慣有、獨特、有效、有趣的教學策略，引導學生有效學習，逐步「去蕪存菁」，雕塑出好青年。

㈤一個學校的生命在於人力的展現和軟體的素質，不過，硬體建築和環境，是境教的一部分，也不容忽視。紅樓是建中精神的象徵，我們當然要全力維護保存，其餘建物為民國四十七到八十二年間才興建，達拆除重建時限尚遠。我們當以紅樓造型、色澤為參照，將其餘建物逐步整修成相同系列；同時選擇適當區域或地點，依紅樓色系，構設成景區景點，加強人性化的景緻，引導紅樓才子在樂於學習，勤於學習之餘，能有豐厚的人文素養，有強烈的社會責任和意識。如進行較大規模的整建，在配置上當考慮採開放性空間設計，增加休閒性、社交性的討論空間，提高校園規畫配置

的人性親和力，同時採人車分道，求能動靜有別，提高校區安全度，增加更大學習之可能。

㈥提高行政效率滿足教和學的需求。

1. 依法行政，有法依法，無法依例，無例依理，做好「服務的行政」，並注意社會脈動，本乎「責任」「反應」、「服務」原則來積極處理。

2. 建立規章制度，訂定各種辦法及章則，實施分項、分層、分域授權、負責，人人擁有工作和決定的自主空間。

3. 人人都能「做對的事」、「把事做對」（Doing the right things. Doing the things right.），因此計畫周延，執行全力，虛心檢討極有需要。

4. 掌握預算，將年度預算分配，列表週知，俾經費公開，節省不當開支。

5. 實施四大公開，屬行人事、經費、意見及獎懲之公開作業。

6. 工作規畫何妨本位，工作協調、執行求能設身處地，並跳高層級思考，提高工作整合度。

7. 實施零基思考，經常開發工作項目，改進工作方法，提高績效。

8. 建立感應機制和回饋系統，實施工作通報制，立刻解決問題。

9.注意工作簡化實施追蹤列管，縮短工作流程和期望。

10.加強處室溝通、協調、整合、發揮分工合作相互支援的效果。

11.注意情緒管理、講求工作方法：如「做最壞的打算，才會有最好的準備」，「磨斧的時間長，砍柴便會省時省力」。

12.愉悅的心情，親切的笑容，經常的運動，良好的健康，常有助於工作的進行，算是工作的一部分。

# 七、學生的學習圖像

在萬象皆新的氣氛下，我們期盼於學生的學習圖像是：

㈠打好基礎，發展根性，開發潛能，提高素質，邁向卓越。這中間，我們要協助學生尋性、適性和盡性學習。

㈡在學習上要做到：

1.完全學習：生活上用得著的知能都不偏廢，尤不可偏智偏力，要兼及德智體群美，才能使自己成為快樂而有用的人。

2.統整學習：知、行不可分離，學習和生活要互相統整融合，那是一種即知即行、能知能行、全盤了解的狀態。

3.體驗學習：強調動手操作，強調親臨其境，身心參與

的生活體驗、情境體驗，使知識和個體能相結合。

㈢學生要培養真正的讀書興趣，也培養讀書以外許多活動的興趣，尤其是體能活動項目，比如游泳、籃球⋯⋯更不能少，這是未來事業成功的必要基礎。

㈣學生會有切合自己需要的生涯計畫、學習計畫，乃至各種功課活動表，除學校所公布的以外，還有屬於自己晨間、晚間和星期假日的作息表。大體說來，高一時，除了功課以外，著重社團體驗、生活體驗；高二時已開發出自己的興趣，著重深入的參與並開始豐收；高三時，要收心，強調的是課業上的衝刺準備。

㈤師生間、同學間相處和樂，充分享受自由的氣氛，運用許多休閒時刻，在許多開放的空間，大家相互交換各種意見，也對學校提出建言，享受那種真理越辯越明，生不必不如師的學習樂趣。

㈥學校規模太大，基於學習上互動的需要，學生們主動或按年級別、類組別、社團別⋯⋯組成較小的學習群，進行小組學習或合作學習，有些班級自己分組探討，進一步也能體會小班小校的樂趣。

㈦學生們自由慣了，都能充分顯示自律和理性，教室校區整潔維護相當好，同學相見能有相互打招呼的習慣，雖然功課忙碌、活動頻繁，不過大家的時間管理、情緒管理都相當到家，老師們只要適時提醒就可以了。

(八)學生經歷充分活動的歷鍊，也從書本上學到許多知識，挫折忍受力很強，人際關係圓融，已能得體地表達反對的意見。能理性、禮貌地處理意見上的衝突，學習能力很強，利用網路等最新學習管道，和新資訊保持同步，人人具有應變，甚至於創變的能力，知道什麼時候改變遊戲規則，是個快樂有用的學習者。

## 八、結語

學校因大眾的學習需要而存在，學習因參與者的用心而蓬勃，參與者因凝聚共識，產生願景，而有良好的學習效果。常言道：意到筆隨，心有所思，行有所至，我們——教育人員、家長——根據教育目標、教育專業理念，參酌個人需求和學習者的特質、潛能、歸納並形塑出我們心目中學生的未來，然後構設各種有利的學習情境，引導學生全力學習，最後完成「作品」——師長、家長或社會整體心目中的好青年。這樣的「形塑」、「雕塑」歷程，在全是精英的紅樓世界，更值得我們用心注意。有道是「今日我以建中為榮，明日建中以我為榮。」建中眾多前輩學長，為建中打下了堅厚的基礎，鞏固了百年來霸主的地位，我們分享了這樣的榮耀，當然要永久延續這樣的「香火」，傳承這樣的未來，凡我建中人，世世代代必定踩著這樣的步伐邁進，在後

浪推前浪自然時序的運轉下，紅樓師生，棒棒相傳，棒棒都是強棒，人人愛校，人人都是強人，建中強棒強人的地位亦將無視於時代的變遷而永遠屹立不搖，且將發揚光大，讓我們一起來努力。

　　本文原載於《建中世紀》。

# 永然法律事務所聲明啟事

　　本法律事務所受心理出版社之委任為常年法律顧問，就其所出版之系列著作物，代表聲明均係受合法權益之保障，他人若未經該出版社之同意，逕以不法行為侵害著作權者，本所當依法追究，俾維護其權益，特此聲明。

永然法律事務所

李永然律師

教育願景 1

# 教育改造的心念

作　　　者：李錫津
執行主編：張毓如
總　編　輯：吳道愉
發　行　人：邱維城
出　版　者：心理出版社股份有限公司
社　　　址：台北市和平東路二段 163 號 4 樓
總　　　機：(02) 27069505
傳　　　眞：(02) 23254014
郵　　　撥：19293172
　E-mail　：psychoco@ms15.hinet.net
網　　　址：www.psy.com.tw
駐美代表：Lisa Wu
　　Tel　：973 546-5845　　Fax：973 546-7651
法律顧問：李永然
登　記　證：局版北市業字第 1372 號
印　刷　者：翔勝印刷有限公司
初版一刷：2000 年 1 月
初版二刷：2001 年 3 月

## 定價：新台幣 250 元

ISBN 957-702-352-5

國家圖書館出版品預行編目資料

教育改造的心念 / 李錫津著 – 初版.－臺
北市：心理，2000〔民 89〕
　　面； 　公分. --(教育願景；1)

ISBN 957-702-352-5(平裝)


1. 教育 — 論文，講詞等
2. 教育改革 — 論文，講詞等


520.7　　　　　　　　　　　　　88016701

# 讀者意見回函卡

No._____ 　　　　　　　　　　填寫日期：　年　月　日

感謝您購買本公司出版品。為提升我們的服務品質，請惠填以下資料寄回本社【或傳真(02)2325-4014】提供我們出書、修訂及辦活動之參考。您將不定期收到本公司最新出版及活動訊息。謝謝您！

姓名：_____ 　性別：1□男 2□女

職業：1□教師 2□學生 3□上班族 4□家庭主婦 5□自由業 6□其他_____

學歷：1□博士 2□碩士 3□大學 4□專科 5□高中 6□國中 7□國中以下

服務單位：_____ 　部門：_____職稱：_____

服務地址：_____電話：_____傳真：_____

住家地址：_____電話：_____傳真：_____

電子郵件地址：_____

書名：_____

一、您認為本書的優點：（可複選）

　❶□內容 ❷□文筆 ❸□校對❹□編排❺□封面 ❻□其他_____

二、您認為本書需再加強的地方：（可複選）

　❶□內容 ❷□文筆 ❸□校對❹□編排 ❺□封面 ❻□其他_____

三、您購買本書的消息來源：（請單選）

　❶□本公司 ❷□逛書局⇨_____書局 ❸□老師或親友介紹

　❹□書展⇨____書展 ❺□心理心雜誌 ❻□書評 ❼□其他_____

四、您希望我們舉辦何種活動：（可複選）

　❶□作者演講❷□研習會❸□研討會❹□書展❺□其他_____

五、您購買本書的原因：（可複選）

　❶□對主題感興趣 ❷□上課教材⇨課程名稱_____

　❸□舉辦活動 ❹□其他_____ 　　　（請翻頁繼續）

 **心理出版社** 股份有限公司

台北市 106 和平東路二段 163 號 4 樓

*TEL:*(02)2706-9505
*FAX:*(02)2325-4014
*EMAIL:psychoco@ms15.hinet.net*

------------------------------------------

沿線對折訂好後寄回

六、您希望我們多出版何種類型的書籍

　　❶□心理❷□輔導❸□教育❹□社工❺□測驗❻□其他

七、如果您是老師，是否有撰寫教科書的計劃：□有□無

　　書名/課程：＿＿＿＿＿＿＿＿＿＿＿＿＿＿＿＿＿＿＿＿＿＿＿＿＿＿＿

八、您教授/修習的課程：

上學期：＿＿＿＿＿＿＿＿＿＿＿＿＿＿＿＿＿＿＿＿＿＿＿＿＿＿＿

下學期：＿＿＿＿＿＿＿＿＿＿＿＿＿＿＿＿＿＿＿＿＿＿＿＿＿＿＿

進修班：＿＿＿＿＿＿＿＿＿＿＿＿＿＿＿＿＿＿＿＿＿＿＿＿＿＿＿

暑　假：＿＿＿＿＿＿＿＿＿＿＿＿＿＿＿＿＿＿＿＿＿＿＿＿＿＿＿

寒　假：＿＿＿＿＿＿＿＿＿＿＿＿＿＿＿＿＿＿＿＿＿＿＿＿＿＿＿

學分班：＿＿＿＿＿＿＿＿＿＿＿＿＿＿＿＿＿＿＿＿＿＿＿＿＿＿＿

九、您的其他意見

謝謝您的指教！　　　　　　　　　　　　　　　46001